成事在谋

刘刚 编著

九州出版社
JIUZHOUPRESS

图书在版编目（CIP）数据

成事在谋 / 刘刚编著. --北京：九州出版社，

2024.7（2025.1重印）. -- ISBN 978-7-5225-3171-7

Ⅰ. K207

中国国家版本馆CIP数据核字第2024BS3869号

成事在谋

作　　者	刘　刚　编著
责任编辑	沧　桑
出版发行	九州出版社
地　　址	北京市西城区阜外大街甲35号（100037）
发行电话	（010）68992190/3/5/6
网　　址	www.jiuzhoupress.com
印　　刷	三河市九洲财鑫印刷有限公司
开　　本	710毫米×1000毫米　　16开
印　　张	13.5
字　　数	230千字
版　　次	2024年7月第1版
印　　次	2025年1月第2次印刷
书　　号	ISBN 978-7-5225-3171-7
定　　价	88.00元

前言
PREFACE

　　把中国历史比喻为一局棋，是由来已久的悠久传统。李鸿章说"千年未有之大变局"，赵翼说"秦汉之际为一大变局"，宋诗说"年光似鸟翩翩过，世事如棋局局新"，杜甫说"闻道长安似弈棋"，都表达了一种"局观历史"的观念。

　　在中国上下五千年的历史长河中，人们为了得到自己生存所应有的环境，博弈从来就没有风平浪静过，总是一个弈局刚结束，新的弈局又开始了。在博弈中，不论忠奸善恶，每个人的命运都与各种各样的人间弈局拴在了一起，不同的是，你这次是在做局，或许下一次就是在防局。每一次博弈都是一场智慧的比拼，每场比拼都称得上是历史之精华，古人之圣智。进退是人生的策略，攻守是人生的战局。历史对局中的博弈，扣人心弦又发人深省。历史无法复制，更无法重演。但是，我们可以解读历史，从中获得智慧，尤其是强者之间的对弈，更能体会到智慧的力量。从吴越争霸到战国的纵横家时代，从刘邦与项羽的楚汉相争到曹操与刘备的煮酒论英雄，从李世民的玄武门之变到明清之际的多种政治力量的交汇……这其中的成败得失、功过荣辱、智慧谋略，尽在他们的对局中展现得淋漓尽致，给后人留下无数的精彩画面。

　　历史如棋，人生更像一盘棋。

　　在现实生活中，每一个人就是一个棋手，在一张张看不见的棋盘上布设棋子，努力争取胜利。为了能够取胜，人们步步为营，相互揣摩、相互牵制，下出众多精彩纷呈、变化无穷的"棋局"。对局是局内所有环节进入了对峙状态，掌局人需灵活变通才能求得更广阔的发展空间，这就是破局。破局的手法有多种，可从利益角度，可从环境角度，也可从局中人角度。但终其一个目的是要改变现状，为自己也为局内各环节求得下个生存和发展的机会。所以，对局的时候需要破局，那么破局并不是结束，而是要进行下一个布局。这是一个系统的工作。当中每一步都不容有失误，每一步都关系着下一步的进展和成败。所谓"一着不慎，满盘皆输"，讲的就是这一道理。

历史中隐藏的秩序，博弈中的对策，以及"两栖"的处世法则……历史中之博弈，人间对局之谋略，全部跃然纸上……

目录
CONTENTS

第四章 巧用韬略计谋，无往不胜

第五章 驾驭进退规则，博弈生存

第一章

打开主动局面，掌控人生

有的时候，要生存，就必须先要得到主动权，占据主动地位，这样才能掌控事态局面，甚至是自己及别人的命运。

人们总爱说："命运是掌握在自己手中的。"不得不承认，它确有其道理。只有相信这句话的人才能够更快地迈向成功，然而，每个都想要掌握自己的命运。好的，想要变得更好。这就造成一种竞争力，一种局面，所以，你要想成功，就必须要先掌控主动权，或是懂得争取主动，变被动为主动，不要处处受制于人，要做控制局面的人。

1 >> 毛遂自荐，"秀"出自己

◎ 毛遂自荐

春秋时期，秦国大军在长平大胜赵国后，想要一举攻下赵国都城邯郸，秦军主将白起领兵包围了邯郸。赵国虽然竭力抵抗，但因为在长平遭到惨败后，力量不足。所以赵王就命平原君赵胜前往楚国求救。平原君是赵国的相国，又是赵王的叔叔。为国为己，他都决心亲自去拜见楚王，与其商谈联合抗秦之事。

事态危急，平原君决定从府中挑选二十名足智多谋的门客随己前往。所谓门客就是战国时候，有权有钱的人为增强自己的势力，供养的一些有才能的人。平时无事时，就将他们闲置在府中供养着，当有事或是遇到难题需要有人出意见的时候，就让他们策划谋略，替自己解决问题。这些门客也被人们称作食客。由于平原君势力庞大，所以府中门客有数千名之多。

一天，平原君把所有的门客都召集起来进行挑选，但是挑来挑去最终只有 19 个人合乎条件，还差一人却怎么挑也总觉得不满意。此时一个门客主动站了出来说："我愿随平原君前往楚国，哪怕是凑个数！"平原君先是一惊，但一看是个貌不出众之人，便不以为然了。平原君对他有所印象，他在府中待了三年，却没有任何贡献，平原君虽觉奇怪，但也并没有因此而埋怨，任由他在府中吃住。于是便问道:"先生名为?"门客答道:"在下名叫毛遂。"平原君婉转地说:"据我所知,你到我门下已达三年之久,却不见你有什么作为,也从未听到过你有什么过人之处,一个有才能的人在世上,就好像锥子装在口袋里,锥尖子很快就会穿破口袋钻出来,贤士在世,他的才学很快就会被人所发现,而你一直未能出头露面显示你的本事,我怎么能够带上没有本事的人同我去楚国,行使如此重大的使命呢?你还是留在府中吧。"

听了平原君的话,毛遂并没有感到挫败。他心平气和地据理力争说:"我到府中三年,一直得不到施展才能的机会,现在我觉得是时机了。您说我没有像锥子从口袋里钻出锥尖,那是因为我这个锥子从来不曾放进过您的口袋里呀。如果您早就将我这把锥子放进口袋,我敢说,它绝不会是只有锥子尖露出口袋了,而是整个锥子都像麦穗子一样全部露出来。"其他的门客都带着轻蔑的目光笑他,都觉得此人肯定是在说大话。而平原君听后倒是对毛遂的胆量和口才很赏识,也觉得毛遂说得很有道理且气度不凡,便答应毛遂作为自己的随从,当天就辞别赵王赶往楚国了。

到了楚国之后,平原君与楚王在朝殿上商谈,但任凭他说尽了其中的局势和利害得失,费尽了口舌,从清晨到正午却还没有达成协议。随行的门客也很着急,有的还讽刺毛遂,让他去露露"锥尖"。毛遂手持佩剑大步跨上台阶,远远地高声嚷道:"合纵之事,非利即害,非害即利,简单而又明白,这本是三言两语就可决定的事,为何议而不决?"毛遂的声色俱厉让楚王不知所以,问平原君:"此人是谁?"平原君答道:"此人名叫毛遂,乃是我的门客!"楚王听后非常恼火,大声喝道:"还不速速给我退下!我和你主人说话,你来做什么?"毛遂丝毫没有被吓到,他不但不退下,并手按宝剑向楚王走近,说:"如今十步之内,大王性命在我手中!楚国有五千多里土地,数百万精兵,原本是个可以称霸的大国，然而在上次的战役中却被秦国几万人的军队打败，夺去了许多城池与土地，甚至堂堂的国君也做了秦国的俘虏，死在秦国。秦国的白起，并没有什么了不起的，但只带了几万人就将楚国都城给夺了去，逼得大王只好迁都，这是楚国的耻辱，连我们赵国都替你们感到羞愤。赵国提议两国联合抗秦，也是在替你们楚国报仇。"毛遂这一番话，真像一把锥子一样，每一句都戳痛了楚王的心。他从赵楚两国的关系谈到这次救援赵国的意义，并把出兵援赵有利楚国的道理，进行了非常精辟的分析，对楚王晓之以理动之以情。他的凛然正气使楚王惊叹佩服。通过毛遂的劝说，楚王终于被说服了，当天下午便与平原君歃血结盟，并立即派兵救援赵国，帮赵国解了邯郸之围。

事后，平原君待毛遂为上宾，他深感愧疚地说："毛遂原来真是了不起的人啊！他的三寸不烂之舌，胜过百万大军，这次能够结盟成功，多亏了他机智英勇。可是以前我竟没发现他，若不是毛先生挺身而出，我可要埋没一个人才呢！"

◧ 鉴历史，得智慧

"毛遂自荐"所反映的就是古人毛遂的自我推销。毛遂勇于抓住来临的机会，勇于展露自己的才华，才能在千名门客中脱颖而出，奔了个大好前程。这个故事就是要告诉我们，只要你认为自己有才干，就不要总是等着别人去推荐，不妨自己主动站出来，争得显露才华的机会。只有这样，你才能先于别人取得成功。

历史上这种勇于"秀"出自己的人有很多，如祁奚荐贤，不避亲仇；王述赴职，不复谦让等等，都表明了我们民族崇尚竞争进取的一面。在当今社会，新的时代，我们应该发扬这一精神，懂得要想在竞争中坦荡无私地展露才华就必须先得机会这个道理，勇敢地将自己推销出去，努力实现自己的奋斗目标。

很多时候，机会不会凭空降临，需要靠你去发掘，透过主观的努力，创造出客观条件。如何把握时机，展露自己的才华，则要靠适时的自我推荐。所以就有人把推销作为人类生存的一种技能。因为它可以被你在人生中广泛应用。一个人只有成功地毛遂自荐、推荐自己，别人才能充分地认识你。如果不善于自我推荐，你就很可能被埋没，也很大有作为。爱默生说："伟人从不哀叹生不逢时。"在这个竞争日益激烈的社会上，无论从抓住机遇的角度看，还是从提高能力的角度看，自荐都是必要的。推荐自己在社会上成为一种趋势，一种潮流。

在与人交往，为人处事时，自我推销会让你很容易被人接纳，增加成功的概率。因为只有让别人接纳了你这个人，他们才愿意进一步地去了解你的想法或建议。因此可以说，具备了自我推销的能力，就等于是具备了一种说服力。这种能力是取得任何一种工作或事业成功的重要因素。它不仅是一种技巧，也是一门学问，一种艺术。

推销自己是在自我认识的基础上，实事求是，不夸张、不吹嘘，不自我膨胀的一种自我表现的方法。可能在我们传统的旧观念里，含蓄被认为是一种美德。但是如今的时代，不是"酒香不怕巷子深"的时代，人生的追求绝对不可含蓄，这个时候的含蓄可能会让你失去一次次成功的机会，然而下次机会的到来，又不知要到何时，所以，在现代急速发展的信息化社会里，为加速增进对方的认识，把握时机，推销自己则是个人追求成功的一种途径。不要认为去向别人说自己的好、推销自己是很难以启齿的一件事，无论做什么事，都要有足够的勇气去面对、去尝试。不要坐等机会降临，要学会积极地促进，掌握好时机，毛遂自荐，你可能会迅速脱颖而出。

2 >> 反客为主，步步为营

◎郭子仪单骑见回纥

仆固怀恩是唐朝的一名大将，曾协助郭子仪平定"安史之乱"，战功显赫。后被封为节度使，驻守在朔方。但他并不满意唐王对他的待遇，自以为在平定安史之乱中立有大功，应当被授予更大的官位。唐王怕再出了安禄山式的人物，就想收回他的兵权。这使得仆固怀恩产生了叛变之心，但由于他平时不得人心，所以很难凭自己的力量去与唐相抗，所以他煽动吐蕃和回纥两国联合出兵，进犯中原。

首次发兵只有十万，但由于郭子仪威名显赫，北方的少数民族都把他看作活神仙。所以当他们看到唐军帅将是郭子仪后，一方面出于对郭子仪的敬仰，另一方面是对郭子仪威名的畏惧，所以不战而退了。仆固怀恩并没有因此罢休，没过多久，他又派人跟回纥和吐蕃联络，欺骗他们说，郭子仪已经被宦官鱼朝恩杀害，要他们联合反对唐朝。名将已死，别无畏惧。于是，仆固怀恩再次带领两国三十万联军向唐出兵，屡战屡胜，直逼泾阳，长安也受到了威胁。郭子仪奉命领一万余名精兵赶到泾阳平息叛乱，面对漫山遍野的敌人，郭子仪知道形势十分严峻。他一面吩咐将士构筑防御工事，不许跟敌人交战。一面派探子去侦察敌军的情况。

就在郭子仪发愁之际，探兵报来消息说，仆固怀恩突然因病死去了。

他们本来是仆固怀恩引进来的，仆固怀恩一死，吐蕃和回纥就失去了中间的联系和协调的人物。双方都想争夺指挥权，谁也不愿听谁的指挥，两股力量捏不到一块儿去，矛盾逐渐激化。两军各驻一地，吐蕃驻扎于东门外，回纥驻扎于西门外。联军的不团结，让郭子仪心生一计，他决定采取分化敌人的办法。在安史之乱时，回纥的将领曾与郭子仪并肩作战对付安禄山，所以郭子仪想利用这一层老关系把回纥将领拉过来。

他秘密派手下部将李光瓒前往回纥营中拜见回纥都督药葛罗。李光瓒见到药葛罗后恭敬地说："郭令公派我来问你，回纥本来和唐朝一向友好，为何听从小人之言，来进犯我大唐呢？"药葛罗听说郭子仪还活着，不禁大惊："郭令公还活着？听说郭令公早已被奸人杀害，你就不要以此来骗我了吧，我是不会退兵的。"李光瓒告诉药葛罗："郭令公并没有死，他现在就在泾阳。"药葛罗也是个重视情义之人，他听说了这件事自然很高兴，但又恐怕有诈，所以对李光瓒说："要我相信可以，除非郭令公亲自到来，让我亲眼看到方能信你。"李光瓒口说无凭，只好回去如实复命。

郭子仪得知这一情况后说："既然如此，我就亲自去一趟，叙叙旧情，也许能劝说回纥退兵。"众将士听到和谈有望时都很高兴，但想到郭令公的安危，深怕回纥有诈，都不让郭子仪前去。郭子仪说："为国家，我早已把生死置之度外！我去回纥营中，如果能谈得成，这一仗就打不起来了，天下从此太平，有什么不好？"将士们不放心，打算派五百名强壮士兵保卫他，但他拒绝带卫队保卫，怕回纥人误会他要袭击，只带了寥寥几个随从，到回纥大营去了。

郭子仪临行前，他的儿子郭晞拦住马哭着劝父亲："回纥兵如狼似虎，父亲身为大唐统帅，不能单独一人去虎口冒险呐！"郭子仪平静地说："现在敌众我寡，如果唐军和回纥真打起来，你我二人性命都难保，而且此事关系到国家安危，如果国家不存在了，个人还有容身的地方吗？与其在此等死，不如去说服回纥退兵。此行如果谈得回纥退兵，那就是国之大运，如不成功，那国家安危就靠你们了。"

当回纥士兵远远地看到有人急奔而来时，连忙报告药葛罗。药葛罗和回纥将领们立即命令兵士摆开阵势，拈弓搭箭，准备迎战。郭子仪来到回纥营前，翻身下马，为了表示自己诚心讲和，他摘盔脱甲，放下刀枪，从容地走入回纥营。回纥将领一看，大叫："啊，还真是郭令公他老人家！"药葛罗亲眼见到郭子仪后，更是高兴，连忙命人设宴招待郭子仪。宴中，郭子仪问道："大唐、回纥关系很好，回纥在平定安史之乱时立了大功，大唐也没有亏待你们呀！今天怎么会和吐蕃联合进犯大唐呢？"药葛罗说道："我们受骗了，仆固怀恩说您在阵前丧命，朝廷乱作一团，我们才敢前来的。"听完药葛罗的话，郭子仪看似无奈地叹了口气，有些责备地说："唐朝待你们一片真情，你们怎么能违背盟约，帮助叛臣攻打唐朝呢！吐蕃是想利用你们与大唐作战，他们好乘机得利。我今天孤身到此，就是要劝你们悬崖勒马。我也做好了把命留在这里的准备。"药葛罗歉疚地说："令公万万不可这样说，我们也是被人所骗，以为大唐气数已尽，要是知道你老还在，怎么也不会对唐开战啊。"

郭子仪见此状，又慢慢说道："假如你们肯帮助唐军打退吐蕃，我们就把吐蕃抢去的东西全部送给你们。一来是为我们两国友好关系，二来这对于我们双方都有利。"与吐蕃正处于对立的药葛罗愤然说道："老令公说得有理，我们是被他们骗了！我们愿意和大唐一起，攻打吐蕃，以将功补过。"药葛罗是回纥王的弟弟，所以有权决定军中大事，他代表回纥与郭子仪立誓联盟。

吐蕃得知郭子仪单骑访回纥营的消息后，觉得形势骤变，与己不利，怕唐军和回纥联合起来袭击他们，连夜准备拔寨撤兵。郭子仪与回纥合兵追击，吐蕃大败，没过多久，回纥也撤了兵。这使得很长一段时期，边境无事。

◨ 鉴历史，得智慧

郭子仪只身去回纥营中，本是处于被动，就连性命都捏在敌人手中，但是他却可以巧妙地反客为主，话没过半，就完全占领了主动。在敌人的营中，就像脖子在敌人的刀剑下，但是郭子仪反而还声声责备回纥人的不义及攻打唐朝的错误举措，使回纥将领连声道歉不说，心中还倍感愧疚而愿意与唐结盟，合力攻打吐蕃。可谓一绝。在用此计策时，多是像郭子仪那样，抓住有利时机，兼并或者控制他人，努力变被动为主动，先站稳脚跟，然后步步为营，争取掌握主动权。

在生活、职场中，如果你已占"主"位，就要时刻防"客"反，如果没占主就要尽力反客，争取主动。无论如何都要想办法取得言行及动作上的主动权，只有这样才有可能帮你扭转时局。在工作中，若能熟谙此道，必会成为职场上进退自如的高手。事业、商业本来就是一场斗争，在斗争中，主客并没有什么具体的界限，能占据主导地位的就是主，能支配别人的就是主，反之，受人支配的被动者就是客。所以，不妨做一个有"心机"的人，适用反客为主之计，抓住有利时机，从被动中争取到主动。只有占得了上风，才能步步为营，才可以凭自己的意愿去改变环境。

3 >> 攻其不备，出其不意

◎吕蒙智夺荆州

吕蒙练兵之余不忘听取孙权的劝告，细读兵书。不久后，吕蒙接替了鲁肃的职位，他一反鲁肃的吴蜀交好主张，率军驻扎在陆口。并上书孙权，说出了自己的看法，他说："刘备、关羽君臣，都是反复无常的人，不能把他们当盟友看待。关羽此次征战很有可能有兼并东吴之野心，所以为了争得主动权，应出兵攻打关羽。"

其实，在接到吕蒙的信之前，孙权已对关羽愤恨不已，因为他为了表示友好，维护两国的联盟关系，曾经派使者去向关羽求亲，希望关羽把女儿嫁给他儿子，通过联姻来使两国更加亲好。关羽不但不答应，还将孙权派去的使者辱骂了一顿，这使孙权心生愤恨，难以平息。这次，孙权接到了吕蒙的信，更觉得非把关羽除掉不可。与此同时，孙权接见了曹操派来的使者，使者表明了曹操意与孙权联合夹攻关羽之意。孙权随即回复，表示自己愿意与之合作，袭击关羽的后方。

关羽亲率大军攻打樊城，而且对于后方的吕蒙他也从来没有放松过防备，因为他早就听说吕蒙英勇善战，把蜀吴交界一带，布置得严严实实，不可小看。孙权知道关羽对后方的防备后，为了解除他的防备之心，于是正式发布了一则消息，说是吕蒙因病要调回去休养。原来，吕蒙身体本来就不好，正好借此装作旧病复发，让人放出消息去，说是自己病得非常严重。关羽果然上当，紧绷的神经放松了些，心中还暗笑吕蒙无用，是个病秧子。

接替吕蒙的是个年轻书生，名叫陆逊。他刚上任没多久就特地派人拜见关羽，送上书信和礼品。关羽打开信件，信中大意是说：听说将军在樊城水淹七军，俘获于禁，远近闻名，没有人不称赞将军的神威。曹军大败，我们心中也很为之高兴。我是个书生，很不称职。日后还望将军多多照顾。关羽见此人如此恭敬卑微，而且态度谦虚、老实，也就放了心，把原来防备东吴的人马陆陆续续调到樊城那边去了。由于陆逊在暗中报信，孙权和吕蒙对关羽的一举一动都了如指掌。

关羽在樊城收了于禁的投降兵十几万人，一下子增添了这么多的人马，营中的粮草很快紧缺，于是就把东吴贮藏在湘关的粮食给强占了。孙权得知此事后，更为恼怒，立即命吕蒙为大都督，迅速赶去袭击关羽后方。吕蒙先是到了寻阳，在那里挑选了一批强悍精兵，然后把所有的战船都改装作商船，船上摇橹的兵士扮作商人，一律穿上商人穿的白色衣服，大摇大摆地驶向北岸。蜀军守防的士兵看到一列又一列商船驶过来，本还有些紧张，再一看个个都是穿白衣的商人，就松了一口气，允许他们把船停在江边。到了晚上，藏在船舱里的士兵一齐出来，借着夜色的掩护，偷偷摸进江边岗楼，把蜀军将士全部抓住，占据了岗楼。

吕蒙大军占据了北岸后，进而向公安进军，留守在公安、江陵的蜀军将领本来就对关羽抱有很大意见，一直不敢说出口，忍气吞声，所以吕蒙稍一劝降，两人就都投降了。吕蒙进城后，为了收拢民心，他派人慰问蜀军将士家属，并且严格要求东吴将士严守纪律，不许侵犯百姓，不许索拿百姓一丝一毫。其中有一个士兵是吕蒙的同乡，因私拿百姓一顶斗笠抵挡暴雨，遮盖铠甲，被吕蒙视为触犯军令，士兵请求吕蒙念在同乡的份上饶了他这无心之过，但吕蒙为了严整军中纪律，以儆效尤，还是把他杀了。这样一来，全军将士都震动了，谁也不敢违反军令。此时，曹操的援军在徐晃的带领下已逐步靠近樊城的前线。徐晃将孙权答应曹操夹攻关羽的信抄写了许多份，射进关羽营寨里。蜀军看后，得知吕蒙已悄然袭击后方，顿时慌乱不已，正在关羽进退两难的时候，徐晃趁机发起进攻，打败了关羽，使其不得不撤去樊城包围的兵力。

之后，关羽又派使者赶往江陵打探消息，吕蒙早已恭候多时，使者一到江陵，吕蒙就派人殷勤招待，还叫使者到蜀军将士家去看望，将士家属都对东吴人心存感激，一致说东吴人体恤百姓，没有说东吴人不好的。使者回去后，蜀军士兵都向他探问自己家里的情况，他就如实诉说了。蜀兵一听东吴人待百姓如此好，就不愿意再跟东吴打仗，甚至还有些士兵结伴偷逃回江陵了。

关羽意识到自己对东吴的防备太大意时，为时已晚。既已成定局，他只好带了人马逃到麦城。孙权的兵马也随之进入麦城，在对关羽苦劝不降的情况下，就把他杀了。

◧ 鉴历史，得智慧

吕蒙用智，巧夺荆州，被后人传为佳话，历史上称之为"白衣渡江"。白衣渡江是三国史上最成功最经典的偷袭战之一，是吕蒙和陆逊共同策划的用来对付关羽的一次大阴谋。

从中我们可以看到，为了让关羽放松对吕蒙的警惕，他们采用逐步减压策略，先是宣告吕蒙抱病，由一个书生接管军队大事。这样做只是让敌方关羽对自己疏于戒备后，来个出其不意，攻其不备。关羽果然上当，最后败麦城。

两兵交战最忌讳的就是轻敌，吕蒙就是利用了关羽的骄傲的个性，使他犯了这一忌讳，小看对手，不把对手放在眼里，导致了荆州的失守。像陆逊这样，越是无名小卒，就越容易被对手轻视，只有给对手造成这样的心理，才能克敌制胜，陆逊就是研究透了关羽的这种心理，才成功使此计得逞。

战场与商场是有些共通之处的。商场之上，一个小企业，如想发展壮大，则需发展业务，使自己有一席之地，在此基础上，再去谋取其他领域和业务的发展。取得业务、客户，则为攻；而保持自己原有业务、客户，则为守。这个过程中必然充满着困难与挫折，如果只是一味地顺着既定的轨迹前进，那么必将落后于他人。所以，我们必须学会另辟蹊径。要进攻敌人没有防备之处，要出击在敌意料不到之时，那么，无疑就占了优势，使对手措手不及。此为"制敌于没有准备"。

战场也好，商场也好，其成功的秘诀在于"出其不意，攻其不备"。你做好了成功的准备没有？

4 >> 将欲取之，必先予之

◎郑庄公平定叛乱

郑庄公生于春秋时期，是郑国郑武公的儿子。继位前名为寤生，与其弟共叔段均为武姜所生。然而郑庄公一直是被刀刃架在脖子上的，架这个刀刃的不是别人，而是他的弟弟和他的母亲。虽说两个人都是亲生儿子，但武姜从寤生一出生开始就不喜欢他，在生下共叔段之后，更是对寤生心生厌恨，对幼子却倍加宠爱。原因其实很简单，只是因为武姜在生寤生时，因难产费了好一番周折，这使武姜受到了很大的惊吓，认为寤生是自己的克星。所以，之后，寤生的一切言行举止对她而言都好像带有了一种特殊的意味。即使他是君王，也是如履薄冰。

寤生是武姜的第一个儿子，所以被立为太子，以继承国之大业。但由于武姜对共叔段的偏爱，她在郑武公在世时，就多次提出废除寤生改立共叔段为太子。然而当时国家传统与制度都是立长不立幼，所以郑武公始终没有同意，这使得武姜的希望成了泡影。

寤生在郑武公死后荣登王位，即为郑庄公。武姜自然不服，为了给共叔段谋得些权制，她以母亲的身份向郑庄公索要封地，想要以河南荥阳作为共叔段的封地。庄公没有同意，他说："那里不行，荥阳地势险要，是关系到国家安危的军事要地，想当初虢叔就死在那里。所以除了荥阳，为共叔段选什么地方都行。"武姜因有求于庄公，也不好再装强势，退而求其次，改要"京"城。"京"城乃郑国大邑，城垣高大，人口众多，且物产丰富，与荥阳也就相距20余里，庄公心里自然不愿，但因自己对武姜有除荥阳以外任选一地的许诺，也只好答应。其实，武姜这一举动的真正意图在于让共叔段远离庄公，好积蓄力量，积攒兵力，为叛乱夺位做准备。

共叔段在母亲武姜的庇护下，来到了"京"城，号称"京城太叔"。仗着自己的权势与武姜的撑腰，他从不把尊君治民放在心上，而是集中精力广招勇士，加固城垣，囤积粮草，训练甲兵，意与武姜合谋，里应外合，袭郑篡权。为了尽快地扩大自己与郑庄公的抵抗势力，他忽略了为王者最重要的民心，而且太急于求成，使自己的谋反之意表露无余。

郑庄公早就知道母亲与弟弟的企图与阴谋，也有忠臣向他提出除去隐患，但他怕会招外人议论，揽上杀母弑弟、不孝不义的骂名，所以不动声色，为的就是让百姓民众看到共叔段与武姜的谋反意图。果然共叔段在"京"城的反常举动引起了人们议论，郑国的大夫祭仲也看出了事态的苗头，便又对庄公说："凡属都邑，城垣一旦超过三百丈，就会对威胁到国家的安危。所以先王之制规定，封邑大的不超过国都三分之一，中等的不超过五分之一，小的不超过九分之一，然而共叔段一再扩建城邑，现在"京"城的规模已经大大超过了规定，是很大的一个威胁，您怎么能容忍呢？"庄公很无奈地说："'京'城是母亲开口要的，我怎么能限制呢？"祭仲说："武姜与共叔段是决不会满足于只坐拥'京'城的，不如及早给叔段安置个地方，不要让他再发展蔓延。蔓延的野草尚且难除，何况是您受宠的兄弟呢？"庄公只是笑笑说："多行不义必自毙，先看看再说吧！"

这位"京城太叔"见庄公没有对自己扩大城邑之事做出反应，便更加嚣张起来。没过多久，他就下令让西部和北部的边境之民都服从自己的命令，俨然把自己当成了二君王。大夫公子吕找到庄公对他说："一个国家听命于两个人，就好像存在两个君王，但您作为一国之君，怎能容忍他如此猖狂呢？如果您有意将君主之位让于共叔段，那我就名正言顺地去侍奉他。但如果不是这样，就需尽快将其除掉，以免百姓生二心。"郑庄公冷静地说："别着急，用不着我去除他，他会自取祸殃。"

共叔段屡次试探，一再挑战郑庄公的权威，而郑庄公却一次次忍让，这让共叔段觉得庄公也就是一个懦弱之徒而已，竟然公开宣布郑国的西部、北部边境为自己的封地，还把封地扩展到了廪延。公子吕又提议要对共叔段有所行动，怕再晚些民心会转向共叔段那边，却又遭到郑庄公的拒绝。郑庄公说："不义之举，怎能取得民心？让他发展势力吧，到一定程度他就会分崩离析。"其实，郑庄公并不是对武姜母子的所作所为置之不理，他派人暗中盯着共叔段的一举一动。共叔段在"京"城修城屯粮，制造武器，整练兵士，蓄势待发，准备攻进国都取郑庄公而代之，以成就自己的大业。

当武姜认为时机成熟了，便怂恿共叔段尽快攻城，由自己在城门内做接应。于是，叔段亲率甲兵万人准备袭击郑都。庄公得到叔段起兵日期的密报后，便对公子吕说："现在是时候了。"公子吕就受郑庄公之命，即率200辆战车讨伐共叔段，"京"邑百姓闻讯，纷纷叛逃。共叔段还没明白这突如其来的变故，叛乱之火还没燃起来就被浇熄了。共叔段也只好弃城而逃。

据历史记载，郑庄公静观共叔段的谋反过程及时局的发展，长达二十二年，其耐心让人极为震惊，他就是采用了"将欲取之，必先予之"的策略，欲擒故纵，也就是让其"自毙""自及""自崩"。郑庄公是精明的，他用纵容的手段，甚至是面对共叔段的挑战故意显示"软弱"来制敌于"不义"的境地，表面上对他是唯唯诺诺，心里却是在等他跨出"叛乱"的这条线。所以，在纵容的同时又加紧防护，在最后给叛乱者致命的一击。这样既压制了叛乱，又保全了自己的良好名誉。

▣ 鉴历史，得智慧

"将欲取之，必先予之"不仅适用于古代权力争夺与战争当中，这也是一种成功达到目的的手段，先暂作让步，然后再待机而动，后发制人。有些时候放纵要比紧逼得到得更彻底，如果一味逞强，以刚制刚，有时会适得其反，不如先采取忍让的策略，用小惠一步步将敌手引进自己设下的圈套，待时机成熟，再果断出击，将其一网打尽，更为绝妙。现在人们在商场上也利用此计，为自己赢得利益。要知道"欲速则不达"，与人做生意也是同样的道理，不要总是急着让对方按照自己的意愿走，在刚开始谈合作的时候，双方肯定都是各持己见的，都希望能够达成自己的目标，可是，如果双方都过于坚持，那就只有合作失败这个结果了。智者不妨在"取"之前，先做些退让，从退让中找出得到主动权的机会，最终达到自己的目标。

富兰克林有一句名言："如果你想交一个朋友，就请帮他一个忙。"换句话说就是：如果你想得到一样东西，你就要付出为得到这样东西的东西。是的，没有付出就没有回报。然而，在这个世界上，众多的人都想着如何得到，却吝啬于付出。他们只看见自己的利益，看不到人与人之间的互惠互利；他们只看见眼前的蝇头小利，看不见远方取之不尽的"宝藏"。其实，这些人都被表面的利益蒙蔽了双眼，一味保留可能反而会落得一无所有的下场。给予是最好的得到的方法。

西方人信奉"施比受更有福",而中国自古推崇"只管耕耘不问收获"的老黄牛精神。《道德经》言:"将与取之,必先予之。"想要得到,就发须学会付出。我们在付出的时候,其实也就是一个得到的过程。所以,请别再吝啬手中的种子,因为如果你将它们播撒,就能让世界上每个角落都绽放出幸福的鲜花。要记住,人生就像是一本零存款的存折,你投入、给予的越多,索取、拥有的将会更多。

5 >> 不入虎穴，焉得虎子

◎班超和盟

东汉时候，班超被任命为假司马，随奉车都尉窦固出兵北征，攻打匈奴。假司马官职虽小，但是班超的才能并没有被埋没，他的智慧与谋略得到了窦固的赏识。于是，被派和郭恂一起出使西域。班超和郭恂带着三十六名部下首先来到了鄯善国。国王早知班超为人，对他十分敬重，嘘寒问暖，礼敬备至，但隔一个时期，忽然变得怠慢起来，变得极为冷淡。班超很快便察觉到事情必有隐情，他同一个部下说："大家是否觉得鄯善国最近对我们很冷淡呢？想必是北方匈奴也派有使者来到鄯善国，意图笼络，这使鄯善国国君踌躇不知所从。聪明人要在事情还没有萌芽的时候就发现它，何况现在事情已经很明显了。"但猜想终归为猜想，所以，班超打算施计得以验证。

他把鄯善国的侍者传唤过来，出其不意地问道："北匈奴的使者来有数日了，现在所在何处啊？"侍者出乎意料，十分惶恐，仓促间难以置词，只好把情况照实说了。班超此时已经有了应对的计策，为了万无一失，他把侍者关押了起来，以防泄露消息。随即便私自召集所有部下，共三十六人，饮酒高会。估计士兵们喝得差不多了，趁着酒意正浓，班超故意设辞激怒大家："大家与我都同在异国，都想要立功，以求得发达富贵。但匈奴使者到此寥寥数日，就使得鄯善王对我们如此冷淡，完全不把我们放在眼里，若再过以时日，说不定会将我们送给匈奴，到时我们的骨与肉可能就要被豺狼吞吃了，我们该怎么办呢？"所有士兵也都感觉到了危机，都说："如今在危亡之地，我们的生死都由您调遣！"班超说："不入虎穴，不得虎子。当今之计，只有夜袭匈奴使者，以火攻之，使其不知我军有多少人马，趁乱迅速将他们杀了。这样一来，鄯善王就会吓破胆，归顺于汉朝，我们也就成功了。"话间有人提出："是否应该和从事郭恂商量一下呢？"班超大怒，说："是生是死就在此一战了，郭恂胆小怕事，听后必然一口否定，会坏了大事。那样就算我们最后死了也不会被称为壮烈之士。"众士兵一致称是。

当天夜幕刚至，班超就率领所有的将士直奔匈奴使者驻营。到达后，他按事先制定好的计划，十个人持鼓藏于匈奴驻营之后，其他人先掩蔽起来。待夜一深，趁敌人睡着防备最低时再加以攻击，让敌人措手不及。正好当时，天刮大风，班超顺风纵火，持鼓者按约定，见火起后就猛敲鼓大声喊叫，声势喧天。顿时匈奴人乱作一团，逃遁无门，他们不是死于箭下，就是葬身火海，经过奋力死战，班超用少数人战胜了多数的匈奴人，达到了预期目的。班超还命人带三个匈奴使者的头颅回去，以威慑鄯善王。

事后，班超首先将此事告知了郭恂，郭恂先是一惊，听说成功了之后又满脸的不悦，班超善于察言观色，他知道郭恂是心存嫉妒，便说将功劳分其一半，这才令郭恂容颜转为喜。当他们把匈奴使者的头颅拿给鄯善王看时，鄯善王为之一震，再经班超的一番劝导，晓之以理，便和班超言归于好，表示愿意归附汉朝，并且同意把王子送到汉朝做质子。班超就这样成功地完成了任务。

▣ 鉴历史，得智慧

"不入虎穴，焉得虎子"就是人们根据这个故事引申而来的，字面意思就是不进老虎洞，怎么能够捉到小老虎。班超要和鄯善王和盟，但有敌人也来与之相争，两国使者的成与败直接关系到国家的安危。班超不但才思敏捷，而且谋与勇兼具，先是借酒的作用来激发将士的热情，再为之讲述夜袭匈奴驻营的重要性，告诉大家要想成功，就必须要冒险，只有进入敌营得到胜利，才能拿到和盟的王牌。

现在这个典故用来喻示人们做事，如果不下决心，不身历险境，不经过艰苦的努力，就不能取得成功。冒险精神不仅表现为一种顽强的意志，更是一种善于把握机会的高超能力。纵观历史上的成功人士，无一不是敢于冒险、善抓机遇之人。他们敢于打破常规，敢尝试别人不敢尝试的事，所以他取得比别人更容易成功的先机。这正是他们的聪明之处。成功往往是和风险同行的。风险的背后通常都暗藏着机遇，风险越大，收益也会越大。俗话说得好："舍不得孩子套不住狼。"如果做什么事情都要跟在别人的后面，从不敢冒一次险，这样的人又怎么会成功呢？

马克思也曾说过："在科学的入口处，正像在地狱的入口处一样，必须提出这样的要求，这里必须根绝一切犹豫，这里任何怯懦都无济于事。"其意也是告诉人们，要想获得成功，就不要犹豫不决，把成功当作地狱的入口，进入险境后，也许你会有意想不到的收获。我们在现在这个时时刻刻都充满着竞争的社会，想要脱颖而出，风险意识是必须具备的一种现代意识。可以说，从商者的每一次成功，几乎都是自己在风险的浪尖获得的，也就是说，现代商业场上，如果你想成功，你就一定要冒险。只有在有了冒险精神的基础上，才能够在商场临危不惧，再加上自身的才智，这样才能点燃成功之火。

6 >> 居安思危，防患于未然

◎甘茂出征宜阳

甘茂为秦国的左丞相，当时的国君秦武王一心想要攻打韩国的三川，以便进一步攻取洛邑。甘茂是一个忠臣，他为了实现秦武王打通三川、窥探周室的战略图谋，便自动请命，要率军去进攻韩国的宜阳。他对秦武王说："臣愿率军出征，为秦完成大业，但请大王先准我以使者的身份到魏国与其订立盟约，一同攻打韩国，打通去三川的道路。"秦武王求之不得，便让甘茂为正使，向寿为副使，去魏国谈和盟攻韩。此行非常顺利，甘茂与魏王相谈甚欢，和盟非常成功，两人还将合力攻韩之事做了详细的筹划。

但就在此时，甘茂心中却忧心重重，他深知宜阳难攻，远征宜阳之事只要稍有不顺，就可能会遭到国内臣僚们的谗言和诽谤。还有些平日里对自己心怀恶念的小人也会趁机在秦武王面前作怪，到时自己远在千里之外，即使想要替自己辩解，恐怕也没有机会了。想到这里，他对此次征战感到十分恐惧，便在进攻宜阳之前，设计让秦武王召见自己，于是，他对即将回去复命的向寿交待说："在告知秦魏和盟成功后，一定要记住，务必请大王暂缓攻击韩国。你把这件事办成了，这次出使的全部功劳都归于你。"向寿便按照甘茂所交待的向秦武王作了汇报。

秦武王百思不得其解，便来到一处叫息壤的地方，召甘茂来面谈。见到甘茂后，秦武王问："既然魏已经和我们结盟，为何迟迟不肯发兵？"甘茂解释说："请您先听我讲一个故事。"秦武王为了解开疑惑便说："请讲。"甘茂说："以前，曾参与其母亲住在费地。有一次，鲁国有一个与他同名同姓的人杀了人，全国贴了告示抓捕。于是，有人告诉曾母说：'你儿子杀人了。'曾母正在织布，只是笑了笑对来者说：'我的儿子我还不了解吗？他是绝对不会杀人的。'说话时手中的活并没有停下来。又过一会，另一个人来告诉她说：'你儿子杀人了。'曾母不予理会，继续劳作，只是手中的动作显得比刚才慢了些，好像若有所思的样子。这时，又来了第三个人，说：'曾参真的杀了人，已经逃亡了。'曾母心中再也平静不了了，她当即丢下织布的梭子，马上逃走了。"

说完这个故事后，甘茂顿了顿又说："曾参是有名的贤明，臣自知无法与之相比，但秦王对臣的信任自然也比不上母亲对儿子的信任。宜阳不仅是座大城池，它集韩国上党、南阳两地的财物，虽其名只是一个小小的县，但其实力足以抵得上一个郡。我军千里迢迢，跋山涉水，披荆斩棘，去攻打宜阳的困难不可一般而论，也绝非短期可以拿下的。如果久攻不下，国内就会有人非议下臣，嫉妒、诋毁臣的人可就不止三个了，我身在异地，有口也难辩，就怕您会像曾母那样弃我于不顾啊。"

秦武王听了甘茂的这番话很感动，他笑着说："你放心前去吧，我保证不会听信谣言的。"作为国君，他虽然一再表示不会听信别人的谗言，但为了使甘茂放心，他还特地和甘茂在息壤结下盟誓。甘茂满怀壮志雄心地去攻打宜阳了，果然不出他所料，在宜阳作战已快半年了却久久不能成功，于是便给了那些小人可乘之机，他们不断地在秦王面前说甘茂的坏话。秦王终于经不住这种一二再、再而三的谗言，便下令召回甘茂，欲以撤兵。

甘茂未作辩解，只是提醒秦王别忘了在息壤缔结的盟誓。秦王顿时醒悟，又给甘茂加派兵马，而甘茂也不负所望，终于攻下了宜阳，为再次进攻三川打下了基础。

▣ 鉴历史，得智慧

甘茂是朝中大臣，贵为丞相，自然有对立的敌者，谗言的蛊惑会对加重疑心病起到推波助澜的作用，在这样的情况下，任何忠诚、信义都将脆弱得不堪一击。于是他施计让秦王召见自己，又以"曾参杀人"的典故又引出了自己的担忧。这就是居安思危，防患于未然，结果也证实了，他并没有过虑，他为自己做的防范措施帮了自己，也帮了国家。战国时期的那种宫廷政治本身就是权谋，权谋就是相互勾心斗角，彼此暗中算计，人与人之间只存在着利与害，他们互相算计，害人以利己。如果不是甘茂聪明睿智，把可能发生的隐患想到了前头，做到了防患于未然的话，他早就被那些奸臣的谗言给害惨了，说不定还会有性命之忧。

《孟子》中有一句"生于忧患，死于安乐"，这是在告诉人们要时时刻刻保持危机感和忧虑感，才能在竞争激烈的环境中得以生存，永远立于不败之地。"居安思危"并不是说让你每天充满了消极思想，盲目地去把不可能的坏事都想到自己头上，以至于牵绊了前进的脚步，聪明的人要善于观察时事变化，凡事都要有两手准备，这样才能在隐患来时，不至于乱了阵脚。现实中，有许多企业由强变弱，最终惨遭淘汰。尽管这些企业败走麦城的原因各不相同，但是有一点却是他们失败的共同因素，那就是缺少危机意识。安而忘危，缺少远虑，对面临的危险认识不足、准备不足。在社会上，生存的环境是极为复杂的，处处有着风险。然而对于企业来说，最大的风险就是没有危机意识。他们有的只看到企业发展的有利因素，而忽视了潜在的风险；有的只看到了别人的不足，却忽视了自己也有弱点。这些因素都足以对企业的发展产生重要影响。推及到个人也是如此。

没有危机意识就会面临"杀机"，时刻保持危机意识就会迎来"生机"。

第二章

透析历史规则，潇洒处世

　　凡是能够潇洒处世、活出风采的古人，都是一个善于掌握和了解处世规则的人，只有这样才能在纷繁复杂的现实环境中生存下来。

　　历经了人生的风雨之后，很多人都会发出这样的感慨：做人太难，处世不易。如果不能掌握处世的规则，就无法营造良好的人际氛围，更不能取得别人的理解和尊重。在这一点上，许多古人为我们做出了榜样。

1 >> 做人不要太死板，学会变通

◎宋襄公因死板败兵

宋襄公，是春秋时期宋国的第二十代君主，本名子兹甫，位列五霸之一，他是一个将仁义视为比自己生命还要重要的人。公元前642年，齐桓公因病去世，朝中的三个奸臣易牙、竖刁、开方一手掌握大权，在齐国发动了一场内乱。他们为了巩固自己的势力，废掉齐桓公立的太子公子昭，扶持他们的傀儡公子无亏当上了国君。被废的公子昭看到情势对自己十分不利，再待下去很可能还会有性命的危险。于是就跑到宋国去，请宋襄公为他做主。宋襄公这个人野心很大，齐桓公去世后，他一心想成为春秋的霸主。不过宋国的实力并不强大，可权力的诱惑实在是太大了，他想利用这次齐国公子来投靠他的机会实现他的梦想。于是便联合卫国、曹国和邾国等四国的人马去攻打齐国。由于齐国的一些贵族不满易牙等人的统治，所以对公子昭怀有同情之心，再加上不清楚宋军实力，于是就群起将当时已登上王位的公子无亏杀了。公子昭顺利登基，即齐孝公，宋襄公也因此小有名气。

宋襄公自认为对齐孝公的复位起到了十分重要的作用，是足够树立威信称霸诸侯的时候了，便想将自己盟主的地位确定下来。公元前639年，宋襄公召集齐、楚两国的国君相聚在齐国的鹿地。宋襄公认为这次会议的发起人是自己，同时齐国和楚国的霸位也不如宋国高，所以他事先并未征求齐国和楚国的意见，便自作主张地以盟主的身份自居，还擅自拟了一份秋季在宋国会合诸侯、共同扶持周王室的通告。楚成王对宋襄公的做法很不满意，到了约定开会的那一天，楚成王就公然说道："楚国很早就开始称王，宋国虽说是公爵，但比起王来恐怕还稍低一等，所以盟主的座位理所当然由我来坐。"经过一番论战后，宋襄公最终没能如愿以偿地当上盟主，从那时起，宋襄公对楚国怀恨在心。后来，他听说在支持楚国为盟主的国家中，郑国是最积极的，于是他便想讨伐力薄国小的郑国，出出胸中恶气。

宋襄公不顾众位大臣的反对，硬要对郑国采取武力措施。郑文公知道消息后，知道势单力薄的郑国并不是宋国的对手，于是他便向楚成王求援，楚成王答应来救援郑国。不过，楚成王并没直接去救郑国，而是率领大批人马直接攻击宋国。宋襄公知道后一下就乱了阵脚，因为楚国兵强马壮，宋国一定会吃大亏。于是他也顾不上攻打郑国，便连夜带兵赶回国内，在涨水的河边扎好营盘，等待楚国的到来。楚国的兵马来到了对岸，宋国的大司马公孙固对宋襄公说："楚军此次的目的只为救郑，现在咱们已经从郑国撤军，他们也就没有动兵的理由了。我们国家的实力毕竟不如楚国，不可硬拼，不如与楚国讲和算了。"谁知宋襄公却说道："楚国虽然算得上是强国，可他们却缺乏仁义，而我们虽然势力较弱，却是仁义之师。不义如何能够胜得过仁义呢？"随后，宋襄公还命人特意做了一面绣有"仁义"二字的大旗，要用"仁义"来战胜楚国的刀枪。

经过了一夜的休整，第二天楚军已经开始过河了。此时公孙固又向宋襄公建议道："现在我军所处的位置明显占有地理优势，若在他们过河过到一半时，我们杀过去，一定能够将他们打败。"顽固的宋襄公却指着"仁义"之旗说道："半路对楚军进行攻击，算不上是仁义之师所为。"楚军全部渡过了河，开始在河岸上布阵。此时公孙固第三次向宋襄公出谋划策："如果我们趁楚军混乱布阵之时向他们发起进攻，还有取胜的可能。"不料，宋襄公听到此话却说道："楚军还没有布好阵，我们若现在攻过去，岂是一个仁义之师的作风？"

直到最后，楚军已经布好了阵，他们可不会讲什么仁义，列队杀气腾腾地冲了过来。仁义的宋襄公最终没能取得胜利，还被楚军打伤。那面"仁义"大旗，也在混战中不知所终了。

◘ 鉴历史，得智慧

学会变通，善莫大焉。成功者之所以能够取得成功，很重要的一点就在于他们善于变通。宋襄公的愚蠢就在于他不懂得变通。诚然，推崇仁义值得受人尊敬，但也要分清自己所处的环境和条件。在战场那样一个杀人不眨眼的地方，过度强调仁义无疑等于自取灭亡。生活中也是这样，人活在世上的一生，总是会遇到这样或那样的危险或者挫折，坚持自己的原则并没有错，但也一定要学会擦亮眼睛看清事实，只有变通才能让我们顺利地渡过难关。在充满不确定性的环境中，我们需要的并不是朝着既定的方向勇往直前，而是在随机应变中寻找求生的路。我们应当明白，在一个充满变数的社会里，灵活机动的行动比一成不变的固执要好得多。

俗话说得好，穷则变，变则通。变通是这个世界上唯一不变的事物，山不过来，你可以过去，你改变不了环境，但可以通过改变自己去适应环境。美国的著名人物罗兹说过："一个人的一生中，最大的成就莫过于不断地进行自我改造，以使自己悟出生活之道。"因为我们所处的环境及客观情况在不断地变化，所以我们自身必须也要随之变化。千万不要被经验束缚了头脑。试想在你前面有一个万丈悬崖，你还会一直往前走直到跳下去吗？当然，我们不能否认执着的重要性，但盲目的执着是不可取的，有时候惯性思维可能会牵绊人的一生。一个过于死板的人，比起一个善于变通的人，所感受到的快乐要少得多。

　　世界每一分钟甚至每一秒钟，都和前一刻不同。一味地坚持自己的原则有可能是对的，但也有可能是错的。此时，只有变通才是应对变化的最好方法与手段。伟大的军事家诸葛亮曾说过："因天之时，就地之势，依人利而所向无敌。"它的意思也就是说，一个人应当根据外部的环境适时改变自己，才能发挥最大的潜能，所向无敌。一旦确定外界环境变得对自己不利，或者发觉自己走错了方向，就应该果断地放弃，然后寻找另一条正确的路。只有这样，我们才能从"山穷水尽疑无路"的困境，走进"柳暗花明又一村"的胜境。

2 >> 给别人机会，就是给自己机会

◎ 秦穆公不诛败将

春秋时期，诸侯各国中以秦晋两国最为强大，为了能称霸天下，两国的君王时常明争暗斗。后来，晋文公病逝，秦穆公听说了这个消息后，就想借此机会去攻打晋的盟国郑国。不过，这个决定遭到了秦国文武大臣的一致反对。他们认为：郑国远在秦国千里之外，奔袭郑国付出的代价太大，且此去势必兴师动众，很有可能会走漏风声，让对方有所防备，结果不会理想。但秦穆公不以为然，他认为晋国前几次的内乱都是在他的帮助下才得以平定的，就连其国君都是他立的。理论上来讲，他应是诸侯之首领，但晋国似乎并不认可他首领的地位。既然如此，何不以武力慑服呢？于是，秦穆公不顾诸位大臣的反对，命秦国的大将孟明视为将军，西乞术、白乙丙为副将，率领大队军马向郑国进军。当大军行至半路，郑国一个叫作弦高的牛贩子听说了这个消息，急中生智，牵来20头肥牛迎上秦国的军队，说道："我们大王听说秦军出师，特派我前来慰问。"孟明视见此情景，误以为郑国已有准备，为了以防万一，就说道："我们此次出师，是为了进攻滑国，与郑国无关。"随后，他便改变了原定的计划，向滑城进军，灭了滑国。

此时，晋国已经得知了秦军出师的真实意图。晋襄公刚刚即位，为

了提高自己的威信，巩固自己的地位，并消除大臣们的惧秦心理，他就亲自率领大批人马在崤山做好了埋伏。待灭滑的秦军满载而归路经崤山时，从天而降的晋军从四面八方突然展开了围攻。毫无防备的秦军顿时乱作一团，马上就处在了劣势。晋军又乘胜追杀，最后秦军几乎全军覆没，三位大将也都成了晋国的俘虏。晋襄公本想杀掉孟明视等人，但因秦穆公的女儿文嬴是襄公后母，在她的劝说和帮助下，晋襄公把他们放回了秦国。晋襄公原以为秦穆公会亲自杀掉败将，就连孟明视也认为自己逃不过这次劫难了，不过令人难以置信的是，秦穆公不但不杀他们，还亲自到京郊远迎。三人一见到秦穆公，马上跪下请罪。而穆公赶忙把他们扶起来，还十分愧疚地说道："都怪我当初一意孤行，不听大臣们的话，害得你们受了如此大的屈辱。胜败乃兵家常事，希望你们以后不要忘了这次耻辱，发愤图强，以报仇雪恨！"不仅如此，宽厚大度的秦穆公还让他们继续掌握兵权。他的所作所为令孟明视等人感动地不能自己，他们发誓效忠君王，为国报仇。

后来，在秦穆公的大力支持下，一支新的作战精英队伍在孟明视三人的训练下渐渐地成熟起来。一年后，孟明视认为可以对外作战了，就去征求秦穆公的意见，得到同意后他率领军队去报崤山之仇。不幸的是，刚一交战秦军就被晋军打得落花流水。孟明视异常悔恨，这一次的战败让他觉得再无颜面对秦穆公，且穆公也不会再饶恕他。但是，当他带着残弱兵将回到秦国时，秦穆公依旧迎接他，仍然和上次一样将战败的责任归在自己身上，并让孟明视一如既往地掌握军权。

秦穆公两次的谅解及恩情，极大地感动了孟明视。为了能为国效力东山再起，他变卖了家产，将换来的银两安抚阵亡的将士家属，亲自招募兵将并进行训练，且常常和士兵们同吃同住，与士兵同甘共苦。很快地，他就又组建了一支士气旺盛、纪律严明、战斗能力极强的军队。两年后，他信心满怀地再次挥师东进，结果大败晋军，一洗前两次战败的耻辱，更为秦国的强大奠定了坚实的基础。

■ 鉴历史，得智慧

给别人机会就是给自己机会，上面这个历史小故事就贴切地说明了这一句话。秦穆公两次不杀败将，不以一失掩大德，深深地震撼了孟明视等人，激发了他们的报效国家之心，他们怎能不奋勇杀敌、竭诚相报知遇之恩呢？最终，秦穆公也成为最大的受益人之一。

生活中，我们难免会遇到磕磕碰碰之事，也难免会不小心陷入一种尴尬窘迫的状况，倘若能够保持清醒的头脑，明白"给别人机会就是给自己机会"的道理，那么定能出现"柳暗花明"的转机。这是一个人宽容大度的体现，更是接纳他人的一个行动，在让别人对自己感激的同时也将自己解救了，为什么要拒绝呢？给了别人一次机会，就等于给了自己一个向生命高地冲锋的机会，这种行为就如同撑竿跳高选手的撑竿一样，能够给自己腾空一跃的力量，到达人生的另一种高度。

其实，生活中到处都充满了机会，而且就在我们的身边，只是它太过于隐蔽，或带有一些假象，所以我们根本看不到或者没有看清，因而在不经意间，我们就让机会白白流失了。好不容易发现并抓住了一个机会，当然会视若珍宝，哪里还肯轻易拱手让与他人？即使明知道自己根本无法很好地运用这次机会，或明知道这样做很危险，但却固执地认为自己是对的，依然想要放手一搏，最终将自己推到了一个进退两难的境地，然后就是无穷无尽的烦恼。倘若当初将机会给了别人，或许现在就是一个双赢的局面了。生活往往就是这样，你不给别人机会，自己也就得不到任何机会。因此，很多时候我们都应该保持一种开放、坦然的心态，凡事不能只顾自己不顾别人。只有学会给别人机会，才能得到相应的回报和享受到生活的馈赠。

3 >> 适时收敛锋芒

◎萧何自污其名

刘邦登上帝位后认为，在他身边众多的将士中，张良、萧何、韩信是最得力的功臣，其中萧何为首功，于是便将他封为"开国第一侯"。萧何的待遇引起了很多人的不服气，他们经常私下里议论不休，说自己跟随刘邦征战沙场，走南闯北，而萧何只不过坐在家中动动手写写字，毫无战功，凭什么得到如此优厚的待遇？后来，萧何辅助吕后将韩信杀掉，为刘邦除去了一块心病，因此更加受到刘邦的恩宠，加封五千户。为了表示庆祝，萧何在府中大摆酒席，许多宾客都前来捧场道喜，萧何也非常高兴。正在众人喝到兴致之处时，突然有一个名叫召平的门客，却穿着一身白色的丧服，昂然进来吊丧。众人见状都大为不解，萧何也十分生气，他大声呵斥召平道："你喝醉了吗？"

这个门客，原是秦朝的东陵侯。秦朝灭亡后萧何入关，听说了召平的贤名，便将他招至幕下，每次一有大事便会找他前来商议，获益匪浅。如今，召平见萧何并未领会他的良苦用心，便说："大人先别忙着欢喜，恐怕以后会后患无穷呀！"萧何不解，问道："我现在位列丞相之位，得到了皇上的恩宠，且我遇事小心谨慎，不敢有丝毫疏忽之处，君何出此言？"召平说道："皇上曾身经百战，亲临杀场，历经无数生死才有今天的地位。而大人您却安居都中，没有参与战事，反而得到这么多的赏赐与封地，我揣度主上之意，恐怕是在怀疑大人您哪！难道您忘了淮阴侯韩信的下场吗？"萧何一听，恍然大悟，原来自己已经处在老虎的嘴边了却还不自知，如果不是召平提醒，后果不堪设想。第二天早晨，萧何便急匆匆入朝面圣，不仅极力将所受封的邑地辞掉，并拿出许多家财，充入国库中，以备军队之需。汉帝刘邦果然十分高兴，奖励有加。

同年秋天，英布起兵发动叛乱，刘邦亲自率兵征讨。他虽人在前线，却时时心系远在都城的萧何。每次萧何派人输送军粮到前方时，他都要问："萧相国在长安做什么？"使者每次都这样回答："萧相国爱民如子，除了置办军用物资外，无非是做些安抚、体恤百姓的事。"刘邦听后，总是默不作声。使者回到长安后将刘邦的问题回报于萧何，萧何亦未识汉帝何意。便偶尔问及门客，一门客说："大人不久要被满门抄斩了。"萧何听后大惊，忙向其询问原因何在。那门客接着说："大人您现在已经是一人之下，万人之上了，还有什么职位可以再封给你呢？况且，自从您入关的那天起，就一直深得百姓的爱戴，十几年如一日，直到现在，您还再想尽方法为民办事。如今，皇上之所以常常问起您的动向，就是害怕您借助关中的民望有什么不轨行动啊！你想想，如果有朝一日您乘虚号召，闭关自守，岂非将皇上置于进不能战、退无可归的境地？若想求得自保，现在唯一的办法就是故意让自己做些令百姓不满的事情来，让百姓骂您、怨恨您，制造些坏名声，只有您不得民心，皇上才会对您放心。"

萧何何尝不明白，历来的帝王最怕的就是曾经和自己出生入死的功臣产生野心，一旦皇上对自己有了怀疑，事态就非常严重了。为了释去主上的疑忌，保全自己，萧何采用了门客的建议，违心地做些侵夺民间财物的坏事来自污名节。后来，刘邦对他的所作所为也有一些耳闻，不过正如门客所料，刘邦听后，不但没有生气，反而放松了很多，并不查问。当刘邦从前线凯旋时，有不少百姓拦路向他上书，控告萧相国强夺、贱买民间田宅，价值数千万。接着，萧何进宫去面见皇上，刘邦笑着把百姓的上书交给萧何，看似不经意地说道："你身为相国，怎么也和百姓争利呢？你就是这样'利民'啊？现在百姓将状告到了我这儿，你自己向百姓谢罪去吧！"表面上，刘邦是在责备萧何，可实际上他的内心却暗自高兴，对萧何的怀疑也逐渐消失。

■ 鉴历史，得智慧

萧何自污其名给了后人无限的启示，他虽然有一颗忠君爱国之心，但却没有一个适合他发挥才能的好机会，最终只能将一世的英名埋没在百姓的唾骂声中，恐怕这是他所料想不到的。人生就是这样，谈话办事都需要讲究策略和技巧，如果你处处彰显能力及才华，肯定不会给身边的人留下良好的印象，一旦遇到小心眼的人还有可能将你作为眼中钉，对自己没有半点好处。正所谓树大招风，只有学会适时地收敛锋芒，才能避免两败俱伤。

学会适时收敛，其实说白了就是做人要学会低调，不可过于张扬。天外有天，人外有人，即使你拥有了超强的实力，做事情也要注意留有余地。低调，彰显了一个人的修养、风度、文化和品格，没有了这种品格，我们就容易偏离正确的人生轨道，走向张扬。张扬是幼稚的表现，它会让人变得越来越疯狂，甚至可能会让你跌入万丈深渊。现实生活中，有很多人都不懂得收敛的必要性，结果往往处处碰壁，直到被撞得鼻青脸肿才恍然大悟，才知道了轻重，分清了主次，学会了收起锋芒与张狂。一个成熟的人应该懂得把握自己，纵使你才华横溢，也要一步一步地往上爬，如果你显露张狂的个性，企图一步登天，那么你很可能会在爬到最高时狠狠地摔下来。

高山并不刻意地彰显自己的高度，但这丝毫没有影响它耸立云端；大海并不刻意地夸耀自己的深度，但这丝毫没有影响它的容纳百川；大地也并不刻意地吹捧自己的厚度，但这丝毫没有影响它承载万物的地位……做人也是这样，低调做人就是在社会上加固立世根基的绝好姿态，不仅可以在不动声色中保护自己，又能在不显山露水中成就事业。所以，将自己的才华用在需要它的地方吧，不要让它白白地浪费在无谓的人际斗争中。

4 >> 宰相肚里能撑船

◎容人不能容，得人不能得

相传宋朝的宰相王安石中年时不幸丧妻，他便又娶了一位名门才女名叫姣娘。姣娘年方二九，长得如花似玉。自从嫁给王安石之后，每天吃香的喝辣的，过着衣食无忧的生活，可她总是闷闷不乐，因为她觉得王安石太老了，暗暗埋怨父母不该把她嫁给一个老头子。王安石每天忙于国事，他并没有注意到姣娘的心情。

有一天，姣娘到后花园去散心，遇到了一个在府中做事的年轻花匠。这位花匠长得眉清目秀，一表人才，姣娘就对他一见钟情了，而花匠也早就对姣娘的美貌有所倾心，从那以后，姣娘就常常偷偷地到花园里同花匠相会。王安石的府外四周都种着大树，树上住着老乌鸦等各种鸟雀。说来也巧，这些鸟每到五更天就会叫唤，宰相只要一听到鸟叫声，就会起身上朝。有一回，姣娘就对年轻的花匠说道："你我这样偷偷在花园里相会，毕竟不是长久之计。我有一个办法，可使咱俩天天相会，如同夫妻一般。"花匠一听自然特别高兴，便问道是什么妙计，姣娘说道："我们可以用竹竿让那些鸟儿提前一个时辰鸣叫，等老头子一走，我俩就可团聚了。"花匠一听，觉得这是个好主意，便答应下来。

第二天一大早，年轻花匠就拿着竹竿去轰鸟群，那些鸟雀便叽叽喳喳一齐叫起来。王安石一听到鸟的叫声，连忙起身上朝去了。趁这工夫，年轻花匠就赶紧来到了姣娘的房间。老宰相来到朝廷一看，皇帝没临朝，正好听到朝房门外刚好鼓打四更。他纳闷地想，这鸟怎么叫得不准了？于是只好又回了家。当他走到自家的房门外时，却听到了姣娘和年轻花匠调情的声音，顿时气得浑身发抖，他也明白了为什么鸟会提前一个时辰叫了，不过他并没有声张，又上朝去了。

第二天恰巧是中秋佳节，王安石想借饮酒赏月之时婉言相劝姣娘，他便有意将姣娘带到后花园中赏月。趁着酒兴，王安石说道："如此良辰美景，如果只是饮酒实在太无趣了，不如我吟诗一首你来作答，如何？"姣娘回答说："当然好。"深思了片刻，王安石吟道："日出东来还转东，乌鸦不叫竹竿捅，鲜花搂着棉蚕睡，撇下干姜门外听。"一诗既出，吓得姣娘心惊肉跳，她知道自己和花匠的风流事让丈夫知道了，脸不由得"唰"地红了。她自知愧对王安石，便"扑通"跪在丈夫面前答道："日出东来转正南，你说这话整一年。大人莫见小人怪，宰相肚里能撑船。"王安石叹了一口气，想自己已过花甲之年，而姣娘却正值青春年少，也难怪她会红杏出墙。如今她又是诚心认错，不如原谅她的过失。想到这里，王安石非但没有追究责任，反而又吟诗一首："老少匹配本不宜，意马难拴我自知。花枝应偕粉团去，速离相府成夫妻。"说完，王安石还赠花匠白银千两，并让他与姣娘成了亲。花匠和姣娘对于王安石的宽宏大量感激涕零，叩头谢恩后携手离府而去。后来这个事情在当地传开了，人们对王安石的宽大胸襟赞不绝口，"宰相肚里能撑船"也成了后来形容一个人宽厚大度的最佳语句。

◧ 鉴历史，得智慧

王安石的度量不得不让人佩服，真可谓"心胸宽阔，气魄非凡"。试想，如果这样的事发生一个小肚鸡肠的人身上，他一定会大发雷霆，火冒三丈，不将奸夫打死也得将他致残。但是，王宰相却一反常态，不但没有因此将背叛他的两个人治罪，而且还让他们美梦成真，这份魄力可不是一般人可比的。大度是一个人心地宽广的表现，人生在世，伤害无处不在，如果学不会宽容不仅会对别人造成伤害，对自己也是一种折磨。所以，凡事都试着看轻一点，我们就能省去许多力不从心的烦恼。

俗话说得好："量小失众友，度大集群朋。"大度的人往往能够为自己赢得一个好人缘，因为度量恢宏的人，能够在别人处于危难的时刻伸出援手，谅人之短，补己之过，自然能对周围的人产生强大的感召力，使人乐于亲近。一个胸襟狭窄者则只会忌妒他人的才华和能力，讥笑他们的不足之处，别人当然会对他敬而远之。看来，大度不仅是一种美德，也是一种交际准则，看似是"马马虎虎"，实际上则运筹于帷幄之中，决胜于千里之外。

鲁迅先生说过，其实这个世界上本没有路，走的人多了，也便有了路。我们每个人脚下都有路，但路上的人不同，脚下的路也就有所不同。有的人路越走越宽广，有的人却越走越狭窄。其实，决定路的宽度的是人的心胸，有什么样的心胸，就有什么样的路途。肚量宽广的人能够容人所不能容，所以他的人生也就越来越充实。

法国的著名作家雨果说过："世界上最宽阔的是海洋，比海洋更宽阔的是天空，比天空更宽阔的是人的胸怀。"是的，一个人的胸怀是无限宽广的，前提是你要善于去发掘。望眼历史，大凡有建树的政治家、军事家及外交家，都有大于常人的胸襟和肚量。如"负荆请罪"的廉颇，受到了"胯下之辱"的韩信及"不计前嫌"重用魏征的唐太宗，他们都是胸怀坦荡、抱负非凡的人。只有具备这样的素质，人们才会像大海那样容纳百川，像土地那样承载万物，笑傲人生，搏击未来。

5 ≫ 不屈不挠，终成目的

◎张骞出使西域，开创丝绸之路

历史上著名的"丝绸之路"，是由汉武帝时期伟大的探险家张骞开辟的。张骞，是一个具有超强的意志及坦荡胸怀且善于待人处事的人。公元前139年，他受到汉朝的命令出使西域，寻找并联络曾被匈奴赶跑的大月氏，欲同其结为联盟合力攻击匈奴。当时，张骞率领一百多个人从长安起程，经陇西向西行进。一路上环境极其险恶，风吹雨打，日晒雨淋，还遭遇到了其他种种意想不到的困难险阻。但他信心坚定，不畏艰难，一心只想完成自己所肩负的任务。不幸的是，当他们来到河西走廊一带后，被占据此地的匈奴人发现了，匈奴单于得知了张骞此行的目的，自然不会轻易放过他们，将他们一百多个人全部关押起来。

匈奴将他们一群人分散开来，每天放羊牧马，并且派人严加看管，就这样一过就是十几年。在这十几年里，匈奴还给张骞娶了匈奴女子为妻，目的在于监视和诱他投降。但即使有了妻子和儿子，张骞还是始终保持着汉朝的特使礼节，十几年的时间也没能动摇他要完成任务的决心。他一直在等待时机，准备逃跑。十一年的时间过去了，匈奴以为张骞应该不会再有什么行动了，于是便放松了看管和警惕。这对于张骞来说可是一个大好时机，他终于找到机会和他的贴身随从甘父逃离了匈奴。

离开了匈奴的地盘后，张骞两个人继续向西行进。由于逃得过于突然，他们没来得及做任何准备，连生存所需的干粮和饮用水都没有。一路上常常忍饥挨饿，干渴难耐，随时都有倒下去的可能。好在甘父射得一手好箭，时常猎一些野味来果腹充饥，才躲过了死亡的威胁。他们向西奔波了好多天，终于越过沙漠戈壁，翻过冰冻雪封的葱岭，到了大宛（今乌兹别克共和国境内）。大宛王早就对汉朝的强盛和富饶有所耳闻，很想与之建立联系，如今听说汉朝的使者到来，十分高兴，连忙设宴款待。在大宛王的帮助下，张骞辗转数地才找到了大月氏。不过，现在的大月氏比起十几年前已发生了很大变化：他们到了阿姆河之后，用武力征服了大夏，又因为这里土地肥沃，他们便渐渐地在阿姆河安定了下来，不愿再东进和匈奴作战。张骞在大月氏逗留了一年多，无论他怎样劝说都得不到一个满意的结果，无奈之下只好归国。

谁料，在回国的途中，张骞再次被匈奴抓获，又被他们关押了一年多。公元前126年，匈奴内部发生叛乱，张骞才得以趁机逃出，历尽千辛万苦后回到了长安，此时距他出发已过了13个年头。这次出使西域，虽然没能达到预期的效果，但使生活在中原内地的人们了解到西域的地理、物产、风俗等情况，也为汉朝开辟通往中亚的交通要道提供了宝贵的资料。这也直接激发了汉武帝出兵匈奴的决心，他派名将霍去病带重兵攻击匈奴，大大地打击了匈奴的势力，收回了河西走廊及漠北大部分地区，并建立了河西四郡和两关，开通了闻名天下的"丝绸之路"。

公元前119年，汉朝为了同乌孙结为联盟，以断"匈奴右臂"，再一次派张骞出使西域。这一次，张骞率领了三百多人，且带了数万头牛羊和数目庞大的金帛货物，躲过了匈奴的眼线，顺利地到达了乌孙，他还遣副使出使康居、大宛、大月氏、大夏、安息（今伊朗）等国家。不过可惜的是，当时恰逢乌孙国发生内乱，未能实现结盟的目的。公元前115年，张骞回来，乌孙派使者几十人随同张骞一起到了长安。从此，汉朝同西域的政治、文化及经济交流渠道便开始建立起来。

◼ 鉴历史，得智慧

张骞不畏艰险，面对困难不屈不挠，两次出使西域，凭着坚持不懈的努力，沟通了亚洲内陆交通要道，使中国开始了对西域诸国的友好往来，促进了东西经济文化的广泛交流，说他是中国走向世界的第一人实不为过。张骞能够取得最后的成功，就在于他内心不屈不挠的拼搏精神，就是这种精神才带给了他坚持不懈的动力。其实做任何事情都是这样，成功永远只属于那些勇往直前、不屈不挠的奋斗者。

罗曼·罗兰曾经说过：成功不属于那些犹豫不决的人，而是属于那些一旦决定之后，就不屈不挠不达目的誓不罢休的人。的确，古今中外，没有一个伟人的胜利来得容易，他们都是在付出了巨大的努力和代价之后才看到了成功的庐山真面目。成就大事固然离不开坚持，看似不起眼的小事也是如此。但是很多人都会犯这样一个毛病：当他们计划要做一件事时，刚开始往往满怀信心、踌躇满志，有着许多美好的设想，可到头来查看自己的成果时，往往更多的是遗憾和悔意。其实原因就在于他们缺少了不屈不挠和持之心恒的精神，一遇到困难或见不到成效就会放弃，成功也会与他们擦肩而过。所以，一个人想要成大事，最需要的就是顽强与坚持，忍耐与坚毅，这些是成功人士的必备因素，它们几乎可以让人无所不能。

没有坚持就没有成功的希望，想要知道一个人是否是真正的强者，最有效的方法，就是观察他在人生环境十分不顺利的时候，或者说命运同他作对的时候，还能否一如既往地坚持他所要坚持的，并持续他的意志力，能否在别人都放弃且也在劝他放弃时，自己还是坚持。如果他依然不改自己的初衷，坚忍不拔，勇往直前，迎接挑战，那么我们绝对有理由相信，成功最终一定属于他。

6 >> 讲诚信，守信用

◎季札挂剑

季札，春秋时吴国人，他的父亲吴王寿梦一共有四个儿子，季札排行最小，但却最有贤德，所以寿梦一直有意要传位给他。他的三个哥哥也都十分通情达理，都认为自己的才能比不上弟弟季札，只有他才应该继承王位，所以都争相拥戴他即位，吴国的臣民也都如同众星拱月般一心想要拥戴季札为王。不过季札却不肯接受大家的美意，坚持把王位让给哥哥，直到最后归隐山林不问世事，以表明他坚定的志节，才使吴国上下不再提立他为王的话题。

公元前544年，季札受命要到北边去访问晋国，他带着随行人员从吴都出发。当他们路经徐国的地界时，看到徐国人民安居乐业，生活富足安康，不禁暗暗称赞："徐国的国君向来以仁义闻名于天下，今日得此一见，果然名不虚传。"于是他临时决定要去拜访一下徐君，倾吐仰慕之情。徐国的国君早就对季札的贤名有所耳闻，如今得知他特来拜访，自然心中特别高兴，急忙命下人设宴盛情相待。两个人交谈甚欢，徐君看到了季札身佩的宝剑，脸上露出了非常喜欢的表情，几次欲言，又不便启齿。聪明的季札当然一眼就看透了徐君的心思，欲将宝剑赠送给徐君。不过他忽然想到，佩带宝剑出使别国，是对被出使国的一种尊重，更是一种礼节，如果现在将宝剑赠予了徐君，那么对晋国岂非大大的不敬？想到这儿，季札就打消了赠剑与徐君的念头，不过他却已经在心里许诺：等到从晋国出使归来，一定把剑赠送给徐君。

辞别徐君，季札又带着一行人向晋国出发，来到晋国后，也受到了晋君的热情招待。季札也凭着自己的才华和智慧令晋国人对其佩服有加。在晋国待了一年多的时间，季札开始返程，在此期间他始终没有忘记自己心里曾对徐君做出的承诺。再次路过徐国的国界时，他决定去拜访徐君，兑现自己的诺言，将宝剑赠送给徐君。可是他却得到了一个十分不幸的消息：徐君已经去世了。对此，季札感到十分悔恨和悲痛，他解下宝剑欲将其赠给徐国现在的继承人。随从人员阻止他说："这把宝剑是吴国的国宝，怎么能随便用来送人呢？何况现在徐君已经不在人世，又何必赠呢？"季札说："上次同徐君交谈时我未赠剑于他，是因为我还有出使晋国的任务，但在我心里却早已将宝剑默默地许给了徐君。既然答应了他，又怎么能因为徐君不在，就欺骗自己的良心呢？再说，我作为吴国的公子及使臣，如此不讲信用，若传出去吴国的颜面何存呢？别人会怎么看我们呢？"这时，徐国嗣君却一再坚持不受，且说道："我没有先君的遗命，不敢接受宝剑。"于是，季札便将宝剑挂在徐君墓前的柳树上。季札的做法受到了徐国人的赞美，他们还编了一首歌来歌颂他："延陵季子兮不忘故，脱千金之剑兮带丘墓。"从此，"季札挂剑"的故事就流传开来了。

▣ 鉴历史，得智慧

从"季札挂剑"这个故事中，我们可以看到"诚信"两个字的深刻意义，它最感人的地方就在于，季札对于已故之人也不失其承诺，何况他所谓的承诺只存在于自己心里，徐君并不知道他的想法。这种崇高的境界实在让人感动，一幕挂剑演绎了古信高义，传承了重信守诺。守信是人格确立的重要途径，一个不知诚信为何物的人，是难以交到真诚的朋友的，因为没有人愿意与不讲信用的人交往。也许你只有一次不讲诚信，但这一次却会让你付出一百次的代价，它会令你永远失去别人的信任，更不能指望别人会对你有所尊重。现实生活中，许多人之所以无法到达成功的彼岸，恰恰就是因为违背了诚信的原则，受到了"自己不诚信"的惩罚。

自古以来，"一言九鼎""一诺千金"等词语都是用来形容诚实守信的最佳用语。诚实守信，说白了就是答应别人的事一定要尽力去实现，这是一个人为人处事的最基本要求。诚信不仅仅是一种道德品质，它更是一种能力，而且这种能力比其他任何能力都要强一百倍。古今中外，诚信受到了无数成功人士的推崇，能够遵循这种美德的人往往能够比其他人更快地赢得别人的赞赏或认可。因此，诚信是一个人在社会中获得力量的有效工具，有着非凡的魅力。

倘若一个人失去了权力、地位、名利或者财富，但只要不失诚信，就可以再重新站立起来。但一旦失去了做人最基本的诚信，那么他将会一败涂地，甚至一生的前程都将为此蒙上阴影。也许不守诚信会给人带来暂时的"成功"，但这样的成功既不幸福、也不永恒，也许你的良心还会因此而时时感到不安。只有诚信才能带来真正的成功。西方有句哲语这样说：这个世界上能够让人们的内心为之深深震动的只有两样东西，一个是我们头顶上灿烂的星空，一个就是存在于人们心中的无形无色的道德品质——诚信。诚信如同一块金子，品质纯正而弥补珍贵，值得每个人将它珍藏在心中；诚信又像一面镜子，照出灵魂的善恶美丑，让人们看清是非，自警自励。一个人的言谈举止离不开诚信，一个社会的发展与前进更不能脱离诚信。一个诚信的人，无往而不克。

7 >> 方圆处世，巧妙进言

◎触龙说赵太后

赵太后刚刚掌握国家大权，强大的秦国就将赵国作为自己的攻击目标，赵国自知实力不能和秦国抗衡，便向齐国求救。齐国表示可以出兵援救，但为了以防出现变故，一定要让赵国的长安君作为人质才行。赵太后十分疼爱长安君，自然不肯答应，赵国的大臣们极力劝说，却惹恼了赵太后。她当着众位大臣的面说道："如果有谁再提将长安君送到齐国做人质，我一定不会轻饶他。"当时有一位叫作触龙的左师，为了国家的安危着想，希望进谏太后，赵太后也知道他来的目的，便气冲冲地等着他。

触龙来到宫中，虽做出一副快步走的姿态，却慢慢地挪动着脚步，到了太后跟前谢罪道："老臣因腿有毛病不能快走，还望太后见谅。我好久都没见您了，私下里还总是自己原谅自己呢。不过又总是担心太后玉体欠安，所以今天来看望您。"太后道："我现在要靠坐在车子上才能行动。"触龙又问："不知太后近日饮食如何？应该没有减少吧？"太后道："每日不过吃些稀粥，身体并无大碍。"触龙说："老臣近来不知为何胃口不好，什么都不想吃，自己只勉强散散步，每天走三四里，这才稍微改善了一下食欲，身体也稍见舒适了。"太后叹道："可是我却办不到呀！"此时，太后已经没有了最初的怒气冲冲，脸色缓和了许多。

　　善于察言观色的触龙马上抓住时机，慢慢地进入正题，说道："臣有一子名叫舒祺，年岁最小，老臣对他十分疼爱，可他偏偏不争气，不成器得很。现在我年岁已大，为了他的将来考虑，我希望他能充当一名卫士，来担负保卫皇宫的职责。我冒死来向您禀告，还望太后您能够成全。"太后答道："当然可以，不知他年龄几何？"触龙道："十五岁了。虽然还小，不过我却希望在我没死之前把他托付给您。"看到触龙对小儿子如此用心，太后问道："难道你们堂堂男子汉也如此疼爱自己的小儿子吗？"触龙答道："其实男人爱儿子比女人还要真切。"赵太后却不同意他的观点，说道："我觉得还是女人在这方面比较突出。"触龙又说道："我认为太后您疼爱燕后远远超过了疼爱长安君。"太后道："您说错了，其实我最疼爱的还是长安君，这一点燕后无论如何也比不上。"触龙言道："天下的父母若是对自己的子女疼爱，就会为他们的将来考虑得长远些。想当初燕后出嫁的时候，您万分地伤心，拉着她不想让她走，还为她哭泣，那个场面真是催人泪下。燕后走后，您纵然十分想念她，却还是会在祭祀时为她祝福，说'莫让人家赶回来啊'，您这样做不正是为她做了长远利益的考虑吗？不正是希望她能够生儿育女，有后代能相继为燕王吗？"听了触龙一席话，赵太后不禁感叹道："正是这样啊。"

　　触龙又进一步说道："从现在的赵王上推三代，一直到初建赵国的时候，这期间有许多受封为侯的人，但他们的子孙能够继承父业的人，还有存在的吗？"赵太后想了想回答道："没有。"触龙又问："太后您再想想其他的诸侯各国，那些被封侯的人的子孙，还有在的吗？"赵太后摇了摇头说道："我还没听说过。"触龙接着说道："这就是了，祸患来得早一点呢，灾难就会降临到自己头上，祸患来得晚一点呢，灾难就会累及子孙。难道说只要是诸侯之子就一定难成大业吗？当然不是，原因就在于虽然他们地位尊贵，但却没有做出过对国家有贡献的事情，享受着优厚的待遇而没有劳绩，然而他们却掌握着至高无上的权力，拥有着取之不完的财富，这难免就会引起世人的不满。而您现在不也正在犯这样一个错误吗？您使长安君地位尊贵，不仅给他很多的封地，还赐给了权力及珠宝，可是不趁现在使他有功于国，那么试想在您百年之后，长安君凭什么在赵国立身呢？所以，我觉得您为长安君考虑得太短浅了，才会说您爱燕后超过了爱长安君呀！"听了触龙的话，赵太后终于想通了，说道："好吧，任凭您指派他吧。"于是便命人准备上百辆车子，送他到齐国去做人质，齐国也马上兑现了诺言出兵援助。

◨ 鉴历史，得智慧

触龙之所以能够成功地说服赵太后将长安君送到齐国做人质，就是因为他善于进言，深知方圆之道。试想，如果他内方外也方，那他一定会直言不讳地指出赵太后的错误决定，后果可想而知；倘若他外圆内也圆，那他势必又会对赵太后的决定大拍马屁，又何谈进言呢？方圆之道，是古人智慧的结晶与升华，它的形式变化多端，可以理解为在屈中求生存，也可称其为"以柔克刚"。诚然，一个人想要在世上立足，便不能没有原则和规矩，有些东西是绝对应该坚守的，比如信念，比如尊严，这些是生命的底线。但万事万物都是不断变化着的，我们也应该学会具体问题具体分析，若依然毫无变通之处，不懂得灵活运用，那就未免显得有些呆滞和固执了，于人于己都不利。只有遵循着"方在圆中行，圆在方外转"的智慧，才能在不管做什么事情时都进退自如，游刃有余，左右逢源，任外界风云变幻，心内自有乾坤。所以有人这样说：泰然自若是方圆处事之道的最大好处，也是最难能可贵的地方。

由于受到各种各样的教育及历史的原因，有不少人认为要想在社会上站稳脚跟，就不能有丝毫的圆滑，只有刚正不阿才是正确的途径。其实不然，拥有这样心态的人，成事者固然极多，但败阵者亦为数不少。所谓的圆滑并不是指阿谀奉承，它只是一种取胜的战略或是计谋，能够与周围环境融洽协调，以减少阻力和矛盾。

一个人生活在世界上，不可能同所有的磨难及打击相抗衡，因此把握为人处事的分寸，是很重要的。当我们面临着一个对自己不利的环境时，最好不要硬拼到底，就像一块钢板一样，如果过于刚硬就容易被折断，而想要将一根柔软的柳条折断却要费上一番力气。因此，一个人要学会入世，在坚持"方"的原则的同时，也要以一种圆的姿态融入社会大潮。这才是智者的保身之道。

8 >> 吃亏就是占便宜

◎绞王贪小利兵败国破

春秋战国时期，各诸侯国之间合纵连横，争战不息。公元前700年，楚国用"抛砖引玉"的策略，轻取绞城。

在这一年，楚国率兵攻打绞国，行军迅速，不几时就兵临都城，将城楼团团围围住。绞国自知楚国兵势强壮，如出城迎战，必是凶多吉少，于是就决定就凭借绞城易守难攻的地势，严闭城门，坚守城池。楚军连攻数次，却都未成功，就这样两军相持一个多月之久。楚国大夫屈瑕经过仔细分析敌我双方情况，认为绞国只能智取，不可硬攻。于是他向楚王献上一条"以鱼饵钓大鱼"之妙计。

屈瑕向楚王言："攻城不下，不如利而诱之。"楚王便问之诱敌之法，屈瑕说道："现绞城已被困数天，城中定是缺薪少粮之时，如派兵乔装扮成樵夫上山打柴运回城中，则敌军一定会出城劫夺柴草，如是这样，就先让他们获几天小利，等他们放松警惕，麻痹大意后，定会每日派兵出去劫取柴草。我们就借机埋伏于此，断其后路，聚而歼之，乘势夺城。"忧郁不定的楚王担心绞国不会那么轻易上当，屈瑕肯定地说道："大王不必担心，绞国虽小，但却很轻燥，轻燥必然少谋，这如此美味的钓饵，不担心他不上钩。"

楚王决定照屈瑕所言执行，派兵装扮成樵夫上山打柴。而绞王得知有樵夫上山砍柴的情况，更忙问其是否有楚军加以保护，出去的探子回报说，他们三三两两进山，并无兵士跟随。绞王马上布置人马，等到樵夫背扶柴草回城之际，就突然袭击。就这样，绞国果然顺利得手，抓了几十个樵夫，劫夺了不少柴草。

数天之后，收获颇大，见有利可图，且并无风险，绞国士兵便越来越多地出来劫持柴草，对楚军毫无防范。

楚王见绞军已经中计，上了钩，就决定马上张网捕鱼。待绞国士兵仍像前几次一样出城劫掠柴草时，樵夫们故装受到惊吓，没命地奔跑，绞国士兵紧紧追赶，不知不觉就被引入楚军的埋伏圈内，一时间伏兵四起，杀声震天，绞国士兵惊慌失措，弃刀丢枪，四散溃逃，残败无数。楚王便立刻率大军前去攻城，此时的绞城中空虚，无力抵抗，只得投降于楚国。

▣ 鉴历史，得智慧

在这场战术中，楚王以"薪"为诱饵，骗到绞国这条大鱼，而绞国却经不起这么鲜美的诱饵，贪图眼前的便宜而却失掉了一国，绞国就因此，与楚国签订了和约，永远成为楚国的附庸。同样，"舍卒保车"也是一种深谋远略，它是一种能以屈求伸、以退为进的策略，是一种宽容的智慧。做事如果只一味地去贪图一些小贿小利，就可能失去更大的、更长远的利益。被眼前的微小的利益所蒙蔽，不辨轻重、主次，看不清背后所存在的危害，这是失败之源。因此，每个人都要懂得吃亏，勇于吃亏，吃亏是福，吃小亏占大便宜。

勇于吃亏，敢于吃亏，才能成为一个有"心计"之人，你才会胜券在握。一个有"心计"之人，把吃亏当成是福，为了自己的事业，他们不会在乎前眼前的小利，也不会在乎吃亏，反而把吃亏当"手段"赢取长远的更大更多的利益，及以后更大的发展。第一个人都有趋利的本性，如能吃点亏，从而让别人多得利，这样一来就很可能最大限度地调动所有的积极性，能够使自己的事业兴旺发达。所以说吃亏是福，要乐于吃亏，敢于吃亏。

所谓吃小亏占大便宜。《红楼梦》中的王熙凤，聪明能干，但这都是小聪明，以至于最后算来算去算到自己头上。真正聪明的人是大智若愚，善于用吃亏来深得人心，所以人生在世，一个有大智慧的人，是不会在乎得与失的，人有得必有失，而有失，也必有所得，得失是平衡的，这是对立统一的矛盾。就像鱼与熊掌不可兼得一样，比如：如果一个人得到了很好的荣誉，那个肯定会失去一份虚心；一个人得到他所想要的权势地位，那朋友就会避而远之；得到了名利，也许会失去真诚；得到了繁花似锦的生活，就会失去那份宁静。所以有得有失，失之越多，得之越多，得之愈巨，失之则愈加频繁，塞翁失马，焉知非福，有不虞之誉，则有不虞之毁，两厢抵消。

生活中皆有聪明之人，他们能把吃亏当作是一种经历，一种学习的课堂，从中学到智慧。"吃亏是福"是一种哲学思路，其前提有两个，一个是"知足"，另一个就是"安分"。有了"知足"就会对眼前的"吃亏"心态仍保持平衡，对所得到的一切，内心总是充满着感激之情；有了"安分"，会使人从来不奢望那些不可能得到的或者根本不存在的东西，没有妄想，也就不会有邪念。知足和安分是告诉我们对于名与利、得与失要保持一颗平和的心，在这个基础上，吃亏得利的境界才会得到进一步的升华。所以，从表面上来看"吃亏"，但最终得到的却是"利益"，乐于吃亏是一种境界，是一种自律和大度，是一种人格上的升华。任何一个有作为的人，都是在不断吃亏中成熟和成长起来的，并从而变得更加聪慧和睿智。

9 >> 刚柔相济，过犹不及

◎屈原刚强遭放逐

伟大的诗人屈原，是战国时期的楚国人，出生于楚国的一个没落贵族家庭中。屈原不仅为人勤勉清廉，且头脑也十分灵活，口才甚好，精通各国历史及文化，尤其擅长治世之道，因此他受到了楚国的国君楚怀王的重用。当时的楚国占据着广大的长江流域，势力不可小觑，大有与秦国抗衡之势。屈原早年深得楚怀王的信任，才二十多岁就做了楚怀王的左徒，不仅能够参与讨论国事，发布号令，还可以接待外国使者，招待各路诸侯，用现在的话来说，就是楚国的外交官。除此之外，他还拥有草拟法令的权力，不过他拟定的一些措施，却招来了楚国贵族大臣们的反对和嫉妒。这些人鼠目寸光，妒贤害能，不管不顾国家的利益，只想维护自己的贵族特权。为了将屈原推出政治舞台，他们便整天围在楚怀王身边，不断地说屈原的是非。昏聩的楚怀王，竟然听信了这些可恶小人的谗言，渐渐疏远了屈原。

后来，楚怀王去世，他的长子继承了王位，这就是历史上的楚襄王。楚襄王和他的父亲一样是个昏庸无能之辈，终日沉湎于酒肉歌舞之中，对于国家大事置之不理，只知道一味地大兴土木，劳民伤财，以满足自己的私欲。此时楚国朝中又出现了一批奸诈小人，尤其是一个叫靳尚的臣子，为人老奸巨猾，善于趋炎附势，并十分受到楚襄王的喜爱和宠信。在他的搅和下，朝野上下一片乌烟瘴气。屈原不忍心看着楚国在自己的眼皮底下一天天地衰落，心急如焚的他便一次又一次地去楚王宫中，劝谏襄王以国事为重，且希望他能够将奸臣靳尚斥退。但是，自从楚襄王登基以来，屈原就越发地受到冷落，他的话已经没有了多少分量，所以楚襄王对他的进言充耳不闻，而且对于屈原不厌其烦地进谏烦不胜烦，因此态度也越来越冷淡，厌恶之情溢于言表。

没有达到目的的屈原感叹颇多，回到家中，茶饭不思，叹息不止。他的徒弟宋玉向来对屈原的才华十分仰慕，但和屈原不同的是，宋玉一直好道，清逸洒脱，所以不免时常会觉得老师做事过于刚强了。这时，他见屈原忧闷不堪，唉声叹气，便知道了一定是为楚国的命运而担忧，于是便走上前说道："君子之所以为君子，是因为他们总是懂得修养自身，而从不责备别人的过失。倘若时机到了，君王勤勉，就献计献策，治国安邦，但却从来没有考虑过自身如何才能建功立业。因此，也就无所谓施恩或者怨恨可言。现在楚王痴迷于小人的甜言蜜语，将国家治理得如此混乱却不知悔悟，楚国其他的人又因为靳尚富豪而拼命巴结他，所谓孤掌难鸣，你现在自顾向楚王进忠言，谁又肯听呢？既无人肯听，那么您的忠言就起不到任何作用，只能招致仇恨和灾祸呀！再说……"谁知宋玉的话还没有说完，屈原就喝斥住他，说道："一个君子若为人子，就一定要讲孝道；若是为官，就一定要讲忠义。这样的人即使死了人们照样会纪念他，如果不这样，就虽生犹死。"

于是，十分不甘心的屈原第四次又去向楚襄王进谏。奸臣靳尚对屈原早已恨之入骨，便借机在楚襄王面前大肆乱讲。襄王本就昏昧，听了靳尚的一番谗言后，就传旨将屈原远远地放逐在荒凉落后的汉北。屈原不仅没有达到使楚襄王有所反悟，也将自己送到了一个万劫不复之地。

◙ 鉴历史，得智慧

一个三闾大夫落到被流放的地步，最终投江自杀，实在令人颇为感慨，感慨君王的昏庸，感慨小人的得志，更感慨屈原本人的刚强。苏东坡就比屈原乐观豁达多了，苏东坡一生多次被贬官放逐，可是不管哪一次他都能坦然面对、随遇而安。生活中的我们不正应该具有像苏东坡这样的心态吗？生活五光十色，变化无穷，不仅有欢笑、得意和热闹，还时时伴随着泪水、失落和孤寂。环境的优劣有时是人们不能自主的，如果我们因为刚强而不肯让自己的心得到宁静，就会得不偿失了。

人生处世的智慧博大精深，也异常地微妙，充满了玄机，最重要的就是如何把握做人的尺度，如何做到张中有驰，劳中有逸，刚柔并济。说起来好像非常地简单，但真正要做到则不是一件容易的事情。它需要从平时的一点一滴中练就，更需要人们有一种超强的毅力和耐力。

万事万物都有一定的规律，必要时不妨放下一切，这样才会有新希望、新天地。

一个人不论是什么性格，只要不被人加上一个"过"字，就能为自己在人生道路上"添砖加瓦"。

第三章

洞悉生存方略，缔造成功

在历史中，每个人都有自己的生存方略，这才使他们在各种环境下险中求生。

生死存亡人生路，进退选择一念间。历史上的人物与事件可以当作智能的典范，一个个真实的故事向人们揭示历史人物的经验和教训，从而使人感悟到生存的智能和方略，这便是现代人可以汲取的智慧。

1 ≫ 深谋远虑，舍利取义

◎冯谖买义

冯谖，祖籍魏城，战国时齐人，是孟尝君门下三千食客之一。冯谖为人机智，是孟尝君三千门客中的佼佼者，是战国时期一位高瞻远瞩、颇具深远眼光的战略家，为孟尝君立下了汗马功劳，在他的辅助下，孟尝君的政治事业才得以久盛不衰。

冯谖在刚到孟尝君门下一年的时间里，一直没有什么大的作为。当时，孟尝君在齐国做宰相一职，在薛地被封万户食邑。由于门下养有三千多食客，食邑的赋税收入不够供养这么多食客，于是便派人到薛地放债收息以补不足。但是放债一年多了，还没有人去收回息钱，眼看着食客的需用将无法供给。面对这种情况，孟尝君焦虑不安，不知该派谁去收这笔债好。这时，他的一个侍从推荐说："在上等食客中，冯老先生从状貌长相看，很是精明，又是个长者，一定稳重，派他去收债该是合适的。"孟尝君听后，便请来冯谖，把自己的请求和他说了一遍。冯谖爽快地答应了。他备好车辆，整理行装，带着所有的契约准备去薛邑收债。冯谖在辞别孟尝君时问道："收完债，您需要买些什么东西吗？"孟尝君顺口答道："先生看我家里缺什么，就买些什么吧！"

冯谖驱车到了薛地，他把所有借钱的人都集合起来，一一清算每个人应该偿还息钱。结果共得利息十万钱，但尚有多数债户交纳不出。虽然冯谖收到了一部分钱，但他并没有准备把这些钱带回去交给孟尝君。他用所得的这些钱置酒买牛，然后召集借钱的人，能付给利息的都来，不能付给利息的也来，要求一律带着借钱的契据以便核对。债户到齐后，冯谖一面劝大家饮酒，一面让大家拿出债券到大家席前一一验对，凡有能力偿还息钱的，当场订立还期；特别贫穷，无力偿还息钱的，冯谖立即收回债券，并当众把它烧毁。

接着，他假传孟尝君的命令说："孟尝君之所以借贷给大家，是考虑到大家无钱以为生计，并非是为了图利。然而现在孟尝君宾客数千人，俸食不足，故而不得不向大家征息。如今，你们有能力偿还的，便约定日期还债，贫穷无力还债的烧掉契据把债务全部废除。请各位开怀畅饮吧。有这样的好的主人，日后怎么能背弃他呢！"百姓听了皆叩头欢呼说："孟尝君真是我们的再生父母啊！"这样，冯谖就在薛地百姓中埋下了感恩于孟尝君的种子，为他换了得民心。

冯谖办完事后，立即赶了回去，还没来得及歇一歇，便去拜见孟尝君。孟尝君此时已经知道了冯谖烧毁契据的消息，正在气头上，看到冯谖，不等他说话，就责问他为什么要那样做。冯谖说："请主君息怒，容臣解释。您有了个小小的薛邑，不把那里的百姓当作自己的子女一样加以抚爱，却用商贾手段向他们敛取利息，我认为不妥。即使对贫寒者严加责难，他们也拿不出钱来，日久息多，必然会选择逃亡。所以，我就假托您的意思，把债赏赐给那些无力偿还的百姓，臣之所以这样做，就是为了彰显主君的轻财爱民之德，仁义豪爽之名，这便是臣为君买的义。"孟尝君听罢虽然心里很不高兴，但也无可奈何，只得悻悻地说："先生一路劳累了，回去歇息吧！"

一年之后，由于齐国新继位的齐愍王听信了秦国和楚国对孟尝君的诽谤之言，认为孟尝君的名声压倒了自己，独揽齐国大权，愍王便以"寡人不敢把先王的臣当作自己的臣"为借口罢掉了孟尝君的相位，并把他赶出了国都。无处安身的孟尝君只好回到自己的封地——薛邑。当孟尝君的车子距薛城还有上百里远时，当地的百姓们早已扶老携幼，在路旁迎接孟尝君。孟尝君好生感慨，回头对冯谖说："先生您为我所买的'义'，今天终于看见了！"

■ 鉴历史，得智慧

"眼光有多远，世界就有多大。"冯谖义市这个故事充分说明了这一句话的意义。由于冯谖的远见，使孟尝君得以巩固自己的地位。所以，在社会上生存，一定要学会"放远眼光"。我们在做事的时候，要从长远打算，虽然不能立刻收效，但能在日后得到更大的好处。所以穷人想要真正地达到富裕，就要把目光放远点。不要舍不得眼前的一点小利，而错失获取更大财富的机会。

无论做什么事，都要从长计议。一个人要学会选择，正确取舍，懂得"放远眼光"的道理。但当"小"充满诱惑，而"大"又十分遥远的时候，选择才显得至关重要。那些大企业家之所以能创建并经营好大企业，都是具有大的视野和长远的目标的。那些"鼠目寸光"的人是无法干成大事的，因为他只能看到眼前的一小点利益。只有那些眼光长远能够放眼未来的人，才能在未来人生的道路上有所作为。

人生如下棋，能顾全大局，目光长远的人总是有大的收获，不管是利益还是经验上攫取的东西都要比常人多的多，这是智慧。在充满竞争的当代社会里，只有具有长远的眼光，才能不被社会所淘汰；只有眼光长远的人，才不会被眼前的利益所迷惑，才能看见眼前利益背后的大利益，所以他才能先别人一步取得成功；只有具有长远的眼光，才能使自己获得更进一步的发展让自己永远立于不败之地。放弃眼前的利益，你就能有更大的收获。

在日常生活中，之所以有很多人不能获得大利，就是因为他们只看重眼前摸得着、看得见的利益、不会把目光投向眼前的一片空地。相反，一个有远见的人，心中总是装着整个世界。

美国作家唐·多曼在《事业革命》一书中说："把眼光放长远是踏上成功之路的一条秘诀。"没有这种品性的人，是不可能成就一番事业的，甚至连小事都做不成。成大事者是具有远见的人，因为只有把目光盯在远处，才能有大志向、大决心和大行动。

世间的任何一件事情,都有它的成功方法。如果你要成功就必须站的高，看的远，而不要只盯着眼前的一点点利益，一个人在追求自己人生理想的道路上，一定要顾全大局，不能被一些小利益所诱惑，这样我们才不会迷失方向，少走些弯路，能在最佳的时机到达最终的目标。

2 >> 假痴不癫成大事

◎孙膑装傻

赵、韩、魏三个诸侯国联盟灭了晋以后，魏国正如一头将要苏醒的雄狮，其势力逐渐强大了起来。魏惠王企盼着能找到一个如商鞅一类的人才来替他治理国家，这时和孙膑共同身为鬼谷子徒弟的庞涓得知此消息后，便来到魏国，求见魏王，并向魏王保证说："若用我为大将，则六国就可以在我的把握之中，战必胜，攻必克，魏国则必成为七国之首！"一番话说得惠王心花怒放，并任命他为元帅，执掌魏国兵权。

他刚胜任元帅不久便带兵攻打周围的诸侯小国，连连得胜，自认为立下了盖世的功劳。然而在不时向人夸耀的同时，他更知道天外有天，如果魏王再招到更优秀的贤才，那他在魏王心中的形象便会大打折扣。这时他想起了自己的师兄孙膑，孙膑有着真才实学，不如把他引荐给魏王，孙膑必定心存感激，自己也好乘机探取他的学问。另一方面，有孙膑在后面出谋划策，哪还有不成功的事？于是，派人请来孙膑并带他接见魏王。魏王见到孙膑后，被他过人的军事才能所折服，决定任命他为副帅。这是庞涓万万没有想到的，当他看到魏王对孙膑深信不疑，大有重用之势时，原来的计划便烟消云散，而忌妒之意则油然而生。又听说孙膑在师父鬼谷子那里另有所得，更加嫉恨孙膑。于是想出了一个莫须有的罪名扣到他头上，他在魏惠王面前诬告孙膑里通外国，并请魏惠王对孙膑施以刖刑。由此，孙膑的两块膝盖骨被剔去，还被庞涓关押在一个隐秘的地方。孙膑遭到师弟的暗算后，身陷绝境。然而孙膑是一个有着远大抱负的军事谋略家，他没有绝望，没有放弃，他决定"诈疯"来迷惑庞涓，达到逃脱的目的。一天，庞涓派人送饭时，孙膑刚拿起筷子忽然晕倒，醒来后呕吐不止。不久后就号啕大哭，一会儿又趴在桌子上哈哈大笑，做出各种傻相，或唾沫横流，或颠三倒四，又把抄好的书简翻出来烧掉。庞涓接到报告后亲自来查看，他看到孙膑的行为之后，怀疑他装疯卖傻，为了证实自己的怀疑，便命令左右将他拖到猪圈中，孙膑披发覆面，就势倒卧猪粪污水里，弄得满身污秽。孙膑为了自己的远大志向，在粪坑里爬行，显出毫不在意的样子。狡猾的庞涓还是半信半疑，于是让人捡起猪粪、泥块扔给他。孙膑抓住猪粪，毫不犹豫地塞进了嘴里，并装出没有一点恶心的感觉。庞涓由此相信孙膑确实是精神失常了，疑心稍有解除，也就大大放松了对孙膑的看管。在这个时候，墨翟的弟子禽滑厘把在魏国所见孙膑的情况一一告诉了齐国大将田忌，并着重讲了孙膑的杰出才能。田忌觉得孙膑是一个不可多得的军事人才，就向齐威王禀报了情况。礼遇贤才的齐威王听后直接命令田忌无论用什么方法，也要把孙膑救出来，为齐国效力。

田忌经过周密的策划之后，派人到魏国，在庞涓手下疏于看管的一个夜晚，把事先安排好的一个人和孙膑调一下包，慢慢脱离了庞涓的监视之后，便快马加鞭迅速载着孙膑逃出了魏国。没过多久，假孙膑突然失踪。而庞涓发现时，孙膑已安全地达到了齐国。

▣ 鉴历史，得智慧

身陷囹圄时，孙膑冷静沉着，忍受巨大的耻辱与折磨，以装疯卖傻骗过了庞涓，保住了性命。后来，在马陵之战中，孙膑设下埋伏一举除掉了对手庞涓，洗刷了耻辱。

人应该学会聪明，学会生存之道。你要与人和平相处，拥有一个完好的人脉网和事业前途，你就需要大智若愚。这也就是指不炫耀自己的聪明才智、不反驳对方所说的话。其实这一点却是非常难以做到的，如果没有掌握得恰到好处，反而会弄巧成拙。

与人交往要懂得运用技巧，而适时"装傻"就是最重要的技巧之一：把自己的高明藏在最深处，更不能赤裸裸的把对方的错误公开于众。"大智若愚"被普遍认为是做人智慧中最高的最玄妙的境界，如果有谁能得到"大智若愚"的评价，相信他一定可以在自己的人生舞台上活出自己的精彩。

3 >> 恃才卖弄，惹祸上身

◎杨修之死

在杨修还是孩童时，其聪明才智就日益显现出来了。他9岁那年，父亲杨彪的一位友人孔平君登门拜访，但因为父母亲出门还没有回来，懂事的小杨修就沏茶让座，并端出水果招待孔君平。孔平君见他小小年纪竟如此的礼貌，就拿起一颗杨梅玩笑地说："杨梅，名副其实的杨家果。"小杨修听到后，竟无所畏惧的反问孔君平："照你所说，那么孔雀则是先生的家禽吧？"孔君平为杨修敏捷的才思目瞪口呆。

后来，杨修被曹操发现，招到营下为己所有。有一次曹操想要建造一个花园，动工之前工匠们请曹操审阅花园工程的设计图纸，曹操看过之后什么也没说，只是提笔在花园的门上写了一个活字。工匠们百思不得其解，一群人商量了大半天也没有得出结果，其中一个工匠突然提议到："杨主簿才智过人，我们为何不去向他讨教呢？"杨修看过之后，笑了笑说："门中写活，自是阔之意。丞相是嫌园门设计的太大了！"工匠们听了杨修的指点后，这才茅塞顿开，修改了方案并立即破土动工。没有多久，花园便建成了，曹操首先看到的便是这改造后的花园门，心里惊诧万分。连忙向工匠们询问他们是如何知道自己的心意的，工匠们说多亏了杨主簿的指点。曹操连连称赞杨修的才华，然而心里却生嫉恨之意。

一天，曹操与杨修骑马同行，走着走着到了曹娥碑，他们不约而同地停了下来。碑阴镌刻了黄绢、幼妇、外孙、齑臼八个字，曹操随口问杨修："杨主簿可理解这八个字的意思？"杨修张嘴就想回答，但话还没出口曹操又说："你若明白就先别讲出来，容我思考一下。"接下来的路上，曹操一言不发的思考着那八个字的含意，杨修也无言。直到他们又走了几十里路之后，曹操才开口道："我已明白那八个字的含意了，主簿且说说你的理解，看我们是否所见略同。"杨修流畅地答道："黄绢，色丝也，并而为绝；幼妇，少女也，并而为妙；外孙为女儿的儿子合而为好；齑臼是受辛的意思，为辞。这八个字是'绝妙好辞'四字，是对曹娥碑碑文的赞美啊！"曹操惊叹道："尔之才思，敏吾三十里也。"嘴上如是说，但心里的妒忌之意又进一步加深了。

直到后来曹操平定汉中时，屡战屡败。想要进兵攻击，又怕马超坚持守城；想要收兵，却又怕遭到蜀兵的嘲笑，心中犹豫不决。恰巧在这个时候有庖官送来鸡汤，曹操盯着碗中的鸡肋一言不发，若有所思的样子。一个将士走过来，向曹操禀请夜间的口令，曹操随口答道："鸡肋。"杨修得知要传的口令是"鸡肋"时，立即让随行军士收拾行装，做好归程的准备。将士们不知为什么要准备归程，纷纷向杨修询问："杨主簿，你是怎么得知魏王要回师的呢？"杨修胸有成竹地说："从今夜传的口令，便知魏王退兵之心已决。鸡肋，食之无味，弃之可惜。今日我军进不能胜，退又恐人笑，留在这里无一益处，不如早归。魏王班师肯定就在这几日，所以及早准备行装，免得临行慌乱。"曹操获悉后，没有赞叹他的才智，反而气愤万分。因为早恨杨修才高于己，再加上今天杨修猜透了自己的心事，便给他定了一个扰乱军心的罪名，杀了杨修。杨修死时年仅34岁。

◼ 鉴历史，得智慧

杨修才思敏捷、聪颖过人，能够一眼看穿人的心思，属于古代知识分子中的精英类人物，但他恃才放旷，不知收敛，渐渐使心胸狭窄和嫉贤妒能的曹操对他产生了戒备，最终枉送了一条性命。时至今日，杨修的死因仍被人们谈论着，很多人都把它推在曹操的忌才之心上。然而，杨修锋芒毕露、不懂生存之道，又何尝不是其自毁前程的因素呢？

他显露出来的才华，超出同类之上。在如今这个竞争激烈的社会里，出类拔萃无疑是事业成功的基础。一个人在适当的场合适当地显露一下才能既有必要，也是应当，不过切莫忘记物极必反，肆无忌惮的显露自己的才华只会导致自己的失败，为此付出沉重的代价。毫无疑问，锋芒完全可以刺伤别人，然而在你刺伤别人的同时无形中也刺伤了自己。因此，一把锋利的剑运用起来应该小心翼翼，平时最好安安稳稳地放在剑鞘里。

做大事业的人、有才华的人，如果太过恃才卖弄不但达不到事业成功的目的，还可能会失去大好的前途。所以，有才华的人应该含而不露，该装糊涂时一定要装糊涂，有时糊涂也是一种才华。这很多聪明人在成功时急流勇退，在辉煌时退向平淡，就是因为知道过于彰显才华的坏处所在，免得从高处摔下来。

才华不可不露，但更不可毕露，如果你所处的环境并不利于你发挥自己的才能，那么你的立足点就会被推翻。所以，适可而止吧。

4 >> 人贵有自知之明

◎ 自知之明，曹参之无为而治

在汉惠帝掌握皇权的第二年，年迈的相国萧何因病重而不能参与朝政。汉惠帝为此而苦恼，该选谁为相国呢？事实上，这个位置他早已物色好了一个人。出于对萧何的尊敬，汉惠帝决定亲自去探望他，并问他将来谁来接替他合适。萧何不愿意表示意见，只说："谁还能像陛下那样了解臣下呢？"汉惠帝问他："你看曹参怎么样？"

曹参与萧何本是同乡，后来还一同与汉高祖起兵，尽管当年曹参和萧何私交很深，但两人各自做了将军、相国之后，就有了很深的隔阂。但是萧何知道曹参是个治国的人才，所以汉惠帝一提到他，他也表示赞成，说："陛下的主意错不了。有曹参接替，我死了也安心了。"汉惠帝听过之后心里一阵欣喜，萧相国竟与自己的想法不谋而合。

曹参这个人有一个最大的优点，就是很有自知之明。曹参接替萧何当了汉朝的相国以后，做事情没有任何变更，一概遵循萧何制定的法度。要求官员对萧何所制定的政策法令，全部照章执行，不得随意改动；对萧何时所任用的官员，一个也不加以变动，原有官员依然各司其职，而曹参自己却整天痛饮美酒。一些奉公守法的官员见他不理政事，私下里议论纷纷，还不断劝诫曹参让他自省。然而这些人一到相国府，曹参总是不等他们开口便以美酒佳酿相迎。因此他们也只能欲言又止，其实曹参早已看出他们的来意，又让他们喝酒，直到喝醉后离去。日子久了，大家就见怪不怪，习以为常了。因为他们每天都喝得畅快淋漓，无形中也与曹参成了酒肉朋友，完全忘记了上下级之分。因此，曹参看到手下人犯了错误，总是有意包庇，到处是表扬和自我表扬之声，整个相府一团无原则的和气。

惠帝得知这个消息后，就命曹参的儿子去劝谏，然而曹参却把儿子鞭打了二百下。第二天上朝时，惠帝很生气地责怪曹参，并说："是朕派他去的，你为何动刑？"曹参连忙跪下请罪，说："陛下，您与先帝，谁更圣明呢？"惠帝说："我怎么敢跟先帝相比呢！"曹参接着又问道："陛下看我和萧何谁更贤能？"惠帝说："你好像不如他！"曹参说："陛下说得很对，先帝与萧何平定了天下，法令已经明确，如今陛下垂衣拱手，我等谨守各自的职责，遵循原有的法度而不随意更改，不就行了吗？"惠帝说："好，就照你说的办！"

三年以后，曹参去世，百姓歌之曰："萧何为法，讲而画一，曹参代之，守而勿失，载以清净，民以宁一。"曹参这种"无为而治"的效果，使国家在刘邦、萧何亡故后，不致生乱，依然维持平稳、安定的态势，为汉代的经济发展贡献了重要的力量。

▣ 鉴历史，得智慧

古往今来，沉迷美酒都被视为一种不耻之举，但在曹参这里，醉酒不仅可以成为一种品质，也可以成为一种为官施政的方式。可以说，曹参是中国几千年历史上最务实、最聪明的宰相了，这是他拥有自知之明的表现。

老子在《道德经》中曾指出：知人者智，自知者明。自知之明，就是对自己的优点及缺点都非常熟悉，遇事能够扬长避短，发挥优势。有自知之明的人才能摆正自己的位置，正确对待他人，从而立足于社会。对于每个人来说，"才能"只是走向成功的一件工具而已，拥有一件精良的工具固然会让人羡慕不已，但只有正确使用它，才会称道人心。很多人自恃才能且获得了别人的承认，却不知道人们真正认同的是他们对才能运用的方式方法。因此，他们过于相信自己的才能而丢掉了原来的运用方式，最终铸成了终身遗憾。

一个有自知之明的聪明人，就会谨慎从事，而自作聪明的人却会率性而为，弄不好还会坏事，犯下难以弥补的错误。人生如同一杆秤，只有秤准了，才能实事求是、恰如其分地感知自我，完善自我，对自己了然于心，知道自己能吃几碗干饭，有几许价值，才能最大限度地发挥自身的潜能。

人，贵在拥有自知之明。然而，在现实生活中，很多人往往秤重自己，过于自信和自重，办起事情就不知轻重，最后导致不必要的尴尬和悲剧。自知，不会自高自大，目中无人，把自己捧到完人的位置；自知，不会妄自菲薄，自暴自弃，把自己放在别人的脚下；自知，会让自己量力而行，尽力而为。行走在人生旅途中，我们每个人都有自己的技能和特长，在某方面的特殊才能使我们的行程更加精彩，但不必恃才傲物，目空一切。

5 >> 背靠大树，乘其阴凉

◎朱元璋投靠郭子兴

翻开历史的画卷，相信我们不会找出有比朱元璋出身更低微、凄惨的开国皇帝了。元朝文宗天历元年，朱元璋出生在濠州钟离东乡一座旧陋的庙宇中，上面有三个哥哥和两个姐姐。他们家没有土地，其父母主要靠租种别人的田地来维持生计。朱元璋在小时候也曾去私塾听先生讲过几个月的书，后来因为交不起学费，只好退学给人家放牛。

在元顺帝至正四年，淮河流域灾害频发，旱灾、蝗灾、瘟疫接踵而至。贫困的生活本来就把朱元璋的童年弄得凄惨、可怜，而他的父亲、母亲、大哥、大哥的儿子在这场灾难中相继去世的厄运更是无情地将他置于绝望的大门之中。他的大嫂带着孩子回了娘家，家里只剩下他和二哥。虽然性命保住了，但是日子却实在没有办法过下去了，家里没有一丁点可以吃的东西，二哥只好外出逃荒。但因朱元璋年纪尚小，就到村头的一个寺庙做了和尚。然而，就在他当和尚没几天，寺里因为没有余粮，就把他打发出寺庙了。于是，他云游四方、四处化缘，用来维持生命。几年后，他又回到了曾经离开过的寺庙。云游的几年间，他居无定所，风餐露宿，苦苦挣扎在生存与现实的刀刃上。然而也正是这几年云游的磨砺，才使得朱元璋的视野大为开阔，人生阅历大为丰富。

后来，因元朝惨无人道的统治和地主阶级的无情压榨，使贫苦大众过着非人般的生活。官逼民反，终于引发了红巾军农民起义。之所以称为红巾军，是因为起义者头裹红巾。当时红巾军主要有刘福通、芝麻李、徐寿辉等数支队伍，各自为战。至正十二年，由于皇觉寺被毁，又有友人来信相邀。朱元璋思考了许久，认为与其安于现状等死，还不如投入轰轰烈烈的战争。也许是天性使然，身在寺庙的朱元璋终于冲破平庸的禁锢，投身到了蓬勃兴起的农民起义浪潮中。但是，他也暗自考虑了很多，如果凭自己的力量无疑起不到任何作用。若想真正的脱胎换骨、出人头地，就必须找个能器重自己的主子。深思熟虑后，朱元璋来到濠州城下，投奔了红巾军的郭子兴部。郭子兴见他姿貌雄杰、奇骨贯顶、志意廓然、人莫能测。觉得这样的人物在战场上能"长自家威风，灭敌人志气"，逐收为亲兵。后来因为他胆大机敏，作战勇敢，在红巾军中很快就崭露头角，逐渐升迁。郭子兴见到他有如此喜人的战绩之后，便将养女马氏嫁给了他，随着与大帅家结亲，朱元璋的身价也开始暴涨。一跃而成了当时濠州红巾军郭子兴帐下的一员干将。而朱元璋的发迹之路，也就由此拉开了序幕。后来，朱元璋自己拉起人马，成为割据一方的枭雄，加入了群雄争霸的战团。直到最后他一路凯歌、步步为营，成为了历史上赫赫有名的明太祖。

◾ 鉴历史，得智慧

纵观朱元璋的成功之路，我们不难看出，他投靠郭子兴这一步明显缩短了他从一介平民到坐上皇帝之位的距离，这也是他一个缔造成功的重要策划。现实生活中的人们总是在到处寻找成功的方法，为之绞尽脑汁、踏破铁鞋，但最终却没能收获丰硕的果实。其实，当你背靠大树时，就会发现原来成功没有诀窍，善于借助他人的力量才是最重要的。

的确，如果一个人的背后总有一个贵人在为其出谋划策，为其指明方向，为其收拾残局，那么他的人生旅途自然会比别人畅通地多。

贵人能够为一个人提供难能可贵的机会，提供力所能及的帮助，能够对人产生思想观念的启迪和潜移默化的影响。所以，一个人在人际交往过程中，一定要时时留意有可能成为你生命中贵人的人。他们的特征也许很不明显，但也正是因为这样才需要人们去深度地挖掘。生命中会有很多贵人出现，有的能帮助你解决那个疑难，有的能帮助你化解这个困境，不过前提是你一定要紧紧地将他抓牢了，你的事业才会有转机，有提升。

贵人对于每个人来说都是平等的，所以不要抱怨身边没有贵人，而是我们不识贵人真面目，或者不能十分恰当地运用贵人的力量。套用一句话来说就是，这个世界上不缺少贵人，而是缺少发现贵人的眼睛及方法。与贵人失之交臂，将铸成终生的遗憾。

6 >> 行动胜于一切

◎缇萦救父

公元前167年，汉文帝十三年，在临淄这片土地上，成长着一个叫缇萦的小姑娘。她的父亲淳于意，原本是一个读书人，因为特别偏爱医学，并经常给人治病，由此便出了名。后来他又因参加科举中榜做了太仓令，但他为人正直、憨厚，不愿和其他的官员来往，也从来不拍上司的马屁。做官没有多长的时间，他就辞了官，回家当起郎中来了。

有一回，当地有名的大商人，他的妻子生病了，便请淳于意前去医治。他的妻子吃了药仍不见好转，过了几天便死了。于是这个大商人就对淳于意耿耿于怀，仗着自己的权势向官府告发了淳于意，说他是错治了病，害死了他的妻子。当地的官吏受了大商人的贿赂，不分青红皂白，判淳于意"肉刑"（汉文帝年间的肉刑指的是，脸上刺字、割去鼻子、砍去左足或者是右足等等），不但砍去了脚，还要把他押解到长安再受刑。

淳于意没有儿子，却有五个女儿。在他离家被押解到长安受刑时，他望着五个女儿叹气，说："唉，可惜我没有男孩，遇到急难，没有一个能帮上忙的。"几个女儿都惭愧地低着头，不禁伤心得大哭，只有最小的女儿缇萦是悲愤交加，恨世道的黑暗。她想："为什么女儿不如男儿，女儿照样是有用的。"缇萦便提出了要陪父亲一起上长安去，任家里人再三的劝解，都无济于事，她去意已决，家里人拗不过只好应允。

缇萦和父亲淳于意是一路跋涉，历尽艰辛，尝尽人间的酸甜苦辣，终于到了长安。一到长安，缇萦便马不停蹄地托人写了一封奏章，自己到宫门口把奏章递给守门的人。汉文帝接到奏章，听上报的人说，上书的是个小姑娘，汉文帝很感兴趣，也很重视。聚目凝神于奏章，想要看看一个小姑娘能写出什么来，只见奏章上写着："我叫缇萦，是曾任太仓令淳于意的小女儿。我父亲淳于意在做官的时候，为齐地的老百姓出了不少力，当地的人都很尊敬他，都说他是个清官。这次他犯了罪，被判处肉刑，酷刑极其残忍。父亲因失去了脚成了残废，此时我不但为父亲感到难过，也为天下所有受肉刑的人伤心。假如一个人被砍去脚成了残废，又被割去了鼻子，就再不能按上去了，以后就是想改过自新，重新做人，也是无可奈何。缇萦愿意给官府收为奴婢，替父亲赎罪，好让他以后有个重新做人，改过自新的机会。"

汉文帝看了奏章，十分同情她，也深深地被小姑娘的孝心所打动，从而又觉得她说得很有道理，于是便召集大臣们，对大臣说："犯了罪该受罚，这是没有话说的。可是受了罚，也应给他们一个改过自新的机会才是。现如今，为了惩罚他们的罪过，在他脸上刺字或者毁坏他的肢体，这样的刑罚怎么能劝人为善呢？你们商讨一个能够取代肉刑的其他方法吧！"

根据汉文帝的意思，又经大臣们一致商议，拟定了把肉刑改用打板子的方法。原来判割鼻子的改为打三百板子，原来判砍去脚的，改为打五百板子。汉文帝过目后，便正式下令废除残酷的肉刑。就这样，汉文帝也特赦了她的父亲，缇萦的长安之行成功地救了自己的父亲。

◘ 鉴历史，得智慧

据史书记载，汉文帝在位时，以恭俭仁厚来治天下，以德化民、海内安宁、百姓安居、人民乐足。汉文帝刘恒开创了历史上少有的盛世"文景之治"，他见到缇萦的上书后，深深地被她真挚的孝心所打动，便赦免了淳于意的刑罚，同时还废除了由来已久的残酷刑法——肉刑，颁布了新刑法。正是因为小小女子缇萦的上书，她的至孝之心促使她的"上书救父"成为美举，废除了残酷的肉刑。

世上的每一个人都有自己的美丽梦想，但并不是每个人都能实现它，都能够为自己书写辉煌的一生。究其原因，无疑是行动，行动是尤为重要的一个因素，没有行动就没有成功，更不可能走向人生的最高峰。很多人都有多姿多彩的理想，却不喜欢把这些理想与行动结合起来。结果，美丽的梦幻成了肥皂泡，弹指即破，自己也成了好高骛远、眼高手低的庸才。事实上，每一位成才者都为自己的梦付出过艰辛的劳动。

纵然有千言万语，也抵不过你一次认真的行动，只要能迅速地做出决定，明白自己想要的是什么，要做什么样的人，目标明确得快了，才能够更快地付出行动，才能得到他所想要的东西。过度的疑虑只会拖延你做出决定，从而使你错失本该获得的成就与成功。

在现实生活中，多数的人都对现实生活不满，对工作不满，他们有时也在考虑是否做出几项决定来改变目前的状况，但终究是想归想，却没有实际行动，日复一日，年复一年，一晃几年过去了，或者是十几年过去了，他们的生活仍是原地踏步，还有的甚至是倒退，生活及事业没有丝毫改变，反而浪费了那么多的光阴。有些人只是一味地抱怨世道的不公平，但从来没有静下心仔细想想，想想成与败的过程与细节，看看自己与别人有不同之处，就会发现，其实有很多的事情是公平的，别人的成功不是凭空得来的，而是用勤奋与汗水换来的。因此，与其坐在那里抱怨事不如愿，不如及时行动，尽快行动起来，成功离你就更近了。

德雷克说：行动才是果实，言词不过是树叶。我们都明白，路是需要一步一步走出来，饭也是需要一口一口地去吃，纵使你有再多再灿烂的梦，也需要从迈步开始。"坐着说，不如起来行动。"假如此刻的你发现了自己的目标，有了自己的理想，那么就从现在开始行动吧，从今天开始，从此刻开始，行动胜于一切。

7 >> 扬长避短，方能进退自如

◎田忌赛马

齐国，有一位特别喜欢赛马的将军，名叫田忌。有一回，他和同样喜欢赛马的齐威王约定，要进行一场赛马比赛，并且策划好了比赛的规则和秩序，将各自的马分为上等马、中等马、下等马等。在比赛的时候，双方都选择用上等马对上等马、中等马对中等马、下等马对下等马，但在比赛中，齐威王的每一等级的马好像都比田忌的马强悍，所以比赛了几次，田忌都失败了。田忌屡赛屡败，因此觉得很扫兴，比赛还没有结束，他就没精打采地离开赛马场，在走出赛马场时，他猛抬起头，因为他看到一个很眼熟的面孔。透过人群仔细瞧瞧，原来是自己的好朋友孙膑。孙膑边招呼田忌过来，边拍着他的肩膀说："我刚才看了你和齐威王的赛马过程，我看齐威王的马比你的马快不了多少呀。"孙膑的话刚落地，便遭到他的不满，田忌眼睛都快瞪出来了，狠狠地对孙膑说："想不到连你也来挖苦我！"孙膑忙解释说："我不是来挖苦你，我是来说服你再和齐威王赛一次马，我保证让你胜出赢了他。"田忌诧异地看着孙膑说："你的意思是再换一匹马吗？"孙膑连忙摇头说："连一匹马也不需要更换。"田忌毫无斗志快快地说："如果这样的话，不是照样得输给他吗？"孙膑胸有成竹地说："你就按照我的安排办事吧。"前几次赛马，齐威王是赛赛夺胜，志气也因此大增，正坐在那里得意扬扬地向别人夸耀自己马匹呢？这个的时候，他看到田忌和孙膑两人一前一后地迎面走过来，齐威王便对田忌热嘲冷讽地说："怎么，莫非你还不服输？"田忌鼓足勇气说："当然不服气，咱们再赛一次！"说着话，就听"哗啦"一声，此刻桌子上都是田忌倒的银子，作为他这次赛马的赌注。齐威王一看，心里暗暗嘲笑田忌这个鲁莽之人，明知山有虎偏向虎山行，于是便吩咐手下，把前几次赢的银子全部拿出来并另外加上一千两黄金，一同放在桌子上做赌注。齐威王藐视地说："那么比赛就开始吧！"一声锣鼓响后，比赛便开始了。第一场，孙膑先以田忌的下等马对齐威王的上等马，第一场田忌就输了。这时的齐威王就更加嚣张了，盛气凌人的齐威王站起来说："想不到出类拔萃、赫赫有名的孙膑，竟然想出这样拙劣的对策。"对他的话孙膑不予理睬，接着开始了第二场的比赛，这次孙膑拿上等马对齐威王的中等马，获胜了一局。齐威王有点心急火燎了。在第三场比赛，孙膑拿中等马对齐威王的下等马，又战胜了一局。比赛结束，齐威王目瞪口呆了。比赛的规则是三局两胜，自然是田忌赢了齐威王，还是同样的马匹，只因调动一下出场的顺序，就得到转败为胜的结果。

◘ 鉴历史，得智慧

孙武说过："知彼知己，百战不殆；不知彼知己，一胜一负；不知彼，不知己，每战必殆。"他的谋略在于：不与强者争一时的长短，而是依据自己的实际情况，错开优势，以长击短，方能进退自如。从赛马的整体过程来看，孙膑只是调换一下马匹的出场顺序，就能轻而易举地反败为胜。我们可看出只因孙膑的机智过人，就足以让他成为一代名扬天下的军事家。

黎巴嫩著名诗人、画家纪伯伦说过："让你的理想高于你的才干，你的今天才有可能超过昨天，你的明天才可能超过今天！"任何人的短处都蕴含着长处，如果能够扬长避短，在进退之间自由出入，必定能使整个事情扭转乾坤。

扬长避短，剑走偏锋，方能进退自如。人的一生，尤其是工作中，我们常常会遇到这样的情况，如果你明明知道自己在这一方面确实不如自己的同事，这样就不要硬着头皮抢着去做，此时你为什么不换另外一种思路来思考问题呢？千军万马同挤独木桥，难道我们只有这一个独木桥可以过吗？为什么不可以去选择阳光大道呢？

人无完人，金无足赤。尺有所短，寸有所长。世界上每一个人的身上都会有别人不具备的特长，并且自己也不太注意。其实所谓的优点和短处都是相对的，只要我们能够全面对自己衡量并周到地考虑周密、认识到自己可能被别人看作是短处的地方，并用自己的长处来加以弥补，同样也能获得成功。

在日常生活中，我们应该采取积极的方法。在发扬自己长处的同时，正视并努力克服自己的弱点，做到"扬长克短"。只有这样，才能由弱变强，从而得到全面地发展，最终使自己立于不败之地。

8 >> 做事不可犹豫不决

◎鸿门宴

项羽曾和诸将领有约定：先打败秦军进入咸阳的人是关中王。在这场战争中，刘邦的军队是首先进入关中的，这时刘邦的十万军队驻扎在霸上，项羽的四十万大军则驻扎在新丰县鸿门，两人战后始终未能谋面。这时刘邦的左司马曹无伤就派人去告诉项羽说，刘邦想在关中称王，让项羽做相国，缴获所有的珠宝全归项羽所有。项羽听后是十分的生气，亚父范增就劝告项羽说："刘邦在山东时，贪图财物、好色。现在进入关中，财物一点都不要，妇女一个也不亲近，这表明他的志向不小。必须要攻打他，千万不要失掉时机，否则将来将是一个劲敌！"

楚国的左君项伯是项羽的叔父，和跟着刘邦的张良交往甚密，因张良曾救过他的命，他得知这一情况后，为了报答他的救命之恩，连夜赶到刘邦军中，私下会见了张良，并把实情告诉他张良，让张良跟他走，以免杀身之祸。而张良却说："我替韩王护送沛公，沛公现在有急难，我逃跑离开是不讲道义的，这件事也不能隐瞒沛公。"

张良很快把详情告诉了刘邦，刘邦知道后是坐立不安说："这件事该怎么办呢？"张良说："在关中称王，谁给沛公出的计谋？"刘邦回答说："浅陋无知的人劝我说：把守住函谷关，不要让诸侯进来，拥有秦国所有的地盘就可以称王了。"张良又问道:"以现在的军队能打过项羽的军队吗?"刘邦迟疑一会儿说:"本来就不如人家,这该怎么办?"张良便对刘邦说,那么就让我去告诉项伯说沛公不敢背叛项王。一听项伯,刘邦急忙问张良,他怎么和项伯有交往的,张良一五一时地把事情告诉了刘邦,于是刘邦赶忙让张良请项伯进来,称兄道弟近乎得不得了。

项伯一进来刘邦就匆忙奉上一杯酒为项伯祝福,并对项伯说:"自我进入关中,财物什么都不敢沾染,登记官吏、人民,封闭了收藏财物的库房。之所以派遣官兵去把守函谷关,是为了防备其他盗贼的进出和意外变故,怎么敢反叛呢!希望项伯把详情向将军说明,我不是忘恩负义的人。"项伯答应了此事,并告诉刘邦,让他明天早些去请罪。

项伯和刘邦说定后,项伯又连夜离开,回到军营后他把刘邦的话给项王详述了一遍。又趁机说:"刘邦不先攻破关中,您怎么敢进来呢?现在人家立了大功,你却要攻打人家,这是不仁义的,不如趁机好好款待他。"项王答应了。

第二天,刘邦带领一百多人马来见项羽,到达鸿门便谢罪说:"我和将军合力攻打秦国,将军在黄河以北作战,我在黄河以南作战,自己也没有想到会先攻破秦国,没想到能够在这里再看到将军。现在有小人的谗言,使将军和我有了隔阂……"项羽说:"这是你左司马曹无伤说的,如是无中生有的事,我也不会如此。"

那天,项羽趁机留下刘邦和他一起饮酒,项羽、项伯、范增、刘邦、张良相继坐好,在宴席中间范增多次使眼色给项羽,还多次举起自己的玉佩向他示意多次,项羽只是默默地一点反应都没有。无奈之下范增只好找来了项庄,让他趁敬酒时,请求舞剑助兴,趁机会杀掉刘邦。但是却没有想到，与此同时项伯也拔出剑舞起来，并常常用自己的身体掩护刘邦，项庄始终找不到杀刘邦的机会。

这时张良到军门外去见樊哙，与樊哙谈起了里面的情况，张良告诉他，里面的情况很危急，于是樊哙为了保护刘邦，便带着盾牌闯入宴席，项羽不但没有责怪他还赏他一杯酒、一只半生的猪腿、并让与张良齐座，樊哙叩谢了项王并说了一席刘邦的好话。坐了一会儿，刘邦便招呼樊哙一起去厕所。为了尽快离开险境，刘邦打算走捷径回营中，他对樊哙说："刚才出来太过匆忙，也没有来得及告辞，怎么办是好呢？"樊哙说："做大事情不必顾虑细枝末节，讲大礼不必讲究小的礼让。"刘邦走时，命张良留下向项羽辞谢，并把随身带的礼物让张良献上，还请张良等他们四人抄小道回到了军营，再进去向项羽告辞。张良约莫着时间到了，便进去辞谢，说："沛公因喝醉已回到军营，所以差我前来告辞。并让我奉上白玉璧一对，献给大王；玉杯一对，献给大将军。"无奈，项羽就接过了白玉璧放到座位上。范增接过玉杯则把它给砸得粉碎，叹道："唉！这小子不值得和他共谋大业！夺走项王天下的一定是沛公，我们都会被他俘虏了！"

刘邦一回到军营，就把曹无伤就地处死。

◨ 鉴历史，得智慧

多么威风、不可一世的楚霸王项羽，却在与刘邦争天下的关键时刻，让犹豫不决的性格坏了大事，使他在鸿门之上错过了一次刺杀刘邦的绝好机会，最终落个兵败垓下、乌江自刎的下场。归根结底，犹豫不决的性格才是罪魁祸首，它贯穿了项羽一生的始终，对于一个有着远大抱负和理想的英雄来说，是他的致命点。就这样，把唾手可得的江山拱手送人，多么的可悲！多么的残忍！鸿门宴是楚汉之争的转折点，也充分体现了项羽的弱点，注定他在政治上始终是一个失败者。通过项羽的故事，让我们引以为戒，要不断地告诉自己，果断决策和异常大胆的尝试会使许多成功人士度过危机和难关，而关键时刻的犹豫不决只能带来灾难性后果。

人生中什么对我们非常的重要？果断地决策。果断决策以至于经常要准备冒险。对我们每一个人来说，偶尔做出错误的决定，总比坐以待毙、犹豫不决不做任何决定要好得多。世界上最可怜的人是犹豫不决的人，世界上没有什么东西能帮助他们形成迅速决断的行动力量。威廉·沃特说："如果一个人永远徘徊于两件事之间，对自己先做哪一件犹豫不决，他将会一件事情都做不成。如果一个人原本做了决定，但在听到自己朋友的反对意见时犹豫动摇、举棋不定，那么，这样的人肯定是个性软弱、没有主见的人，他在任何事情上都只能是一无所成，无论是举足轻重的大事还是微不足道的小事，概莫能外。"

在事实生活中，成千上万的人都是在激烈的竞争中溃败而归，仅仅只是因为耽搁和延误时间。而数不胜数的成功者只因为在关键时刻冒着巨大风险，迅速做出决定，才创造了更多的财富。

9 ≫ 学会等待

◎姜太公钓鱼

太公,姓姜名尚,也称姜子牙,姜太公是辅佐周文王(姬昌)、周武王(姬发)建周灭商的大功臣。在他还没有被文王重用的时候,他隐居在姬昌统治下的陕西渭水边的一个地方。他也非常希望自己能引起周文王姬昌注意,干一番建功立名的大事业。

姜太公因长年隐居,为了达到自己的目的,他常在磻溪旁垂钓。像一些普通人钓鱼都是用弯钩,还在弯钩上接着有香味的饵食,万事俱备后才把它沉在水里,等待诱骗鱼儿上钩。但是姜太公的钓钩却不是这样的,而是直的,他的鱼钩上从来不挂鱼饵,也不沉到水里,并且还高高举起钓竿,距离水面足有三尺高。一边无趣地自言自语道:"不想活的鱼儿呀,如果你们自己愿意的话,就上钩吧!"

一天,有一个年轻小伙子,打柴正好路过溪边,看到姜太公用直钩钓鱼,并且不放鱼饵,还不把钩沉入水里,这怎么能钓到鱼呢?于是他便好心地提醒姜太公,对他说:"老先生,像你这样钓鱼,一百年也钓不到一条鱼的!"

姜太公听到他的话后,举了举钓竿,对年轻人说:"对你说实话吧!我不想钓鱼,要钓的话也是为了钓到王与侯!"

就这样,姜太公独特的钓鱼方法,一传十,十传百,终于传到了姬昌的耳朵里。姬昌知道后，对这个奇特的钓鱼人起了好奇心，就派一名士兵去叫他来。当士兵来到姜太公钓鱼的地方，说明来意后，姜太后只顾自己钓鱼，并不理睬这个士兵，还自言自语道："钓啊，钓啊，鱼儿不上钩，虾儿来胡闹！"

待这个士兵回去把情况禀报姬昌后，又改派一名官员去请姜太公来。没想到，这位官员也遭到和士兵同等的冷遇，姜太公依然不搭理他，并边钓边说："钓啊，钓啊，大鱼不上钩，小鱼别胡闹！"

两次都请不动这位奇人，姬昌这才意识到，这个钓者非等闲之辈，必定是一位贤才，要自己亲去请他才对。他吃了三天素食，洗了澡换了身衣服，差人准备好厚礼，亲自前往磻溪去请姜太公出山。姜太公见他诚心诚意来请自己，就答应随他回到了部落，为他效力。

在之后的日子里，姜尚辅佐周文王（姬昌），兴邦立国，使周逐渐强大起来。姬昌过世，他的儿子姬发继位，他还帮助周武王姬发，灭掉了商朝，被武王封于齐地，实现了自己建功立业的愿望。

▣ 鉴历史，得智慧

有很多的等待都会得到美好的结局。有些人莫名其妙地钟情于无限等待中，沉淀出等待的智慧。姜太公的预谋无疑是幸运的，得到文王对他的重用，引起文王的注意力就是他独特钓鱼方法和等待的智慧，成功实现了自己建功立业的愿望。在历史的青卷上，越国君主勾践承受灭国之痛，被俘之辱时刻在他的心头上回荡，挥之不去。这时他更加坚信了自己的信念，卧薪尝胆，用铁一般的毅力，仅仅只凭这一点资本，勾践通过励精图治，大力发展农业，越国逐渐地强大起来，终于等到了奋起一战消灭吴国的机会，等到了一雪耻辱的激动时刻，勾践的故事也被后人千古传颂！昔日的楚霸王，战败之后的悔恨吞噬着他的灵魂，使他心灰意冷。江东亲友的劝解都换不回他的斗志，也没有等待东山再起的机会，他内心的一点点的希望也被他心灰意冷的心而埋没了，在他自刎的那一刻，再也激不起一点点的火花，希望之路也在项羽的脚下崩溃了。历史告诉我们：学会等待需要坚定的信心，不能失意灰心，不能空想其成。

在人的一生中，处处都充满了等待。为了实现自己美好的理想、远大的目标、一个个实现的梦，所以，人们撒下了希望的种子，而后等待着丰收。在等待中要学会保持积极进取的追求，它不会辜负辛勤等待的人们，而在等待中持有消极、侥幸的心理，就难免会被等待所嘲弄。学会等待，体味等待你会获得久违的亲切感，也会让你感受到生命中的实在与丰足。

成功不是一朝一夕就能成功的，必须要经历许多的艰难困苦与挫折，特别是要经过成功之前的煎熬，一定要学会等待，在等待中才能酝酿出甘甜的美酒。

10 >> 大丈夫要能屈能伸

◎季布为奴

季布,楚国人,为人豪爽,好逞意气,爱替人打抱不平,为霸王项羽帐下五大将之一,在楚国很有名气。因勇猛、智谋集一身并且身手过人,得到霸王项羽的重用。项羽曾派他率领军队攻打刘邦,交战中他曾经好几次差点捉住刘邦,要么就差点杀掉刘邦,从此,刘邦对此人是耿耿于怀。等到项羽失败以后,汉高祖刘邦悬赏千金捉拿季布,并且还下令胆敢私藏季布者,如被发现论罪诛杀全族。当时,季布被濮阳一个姓周的人家所收留。

有一天,周家对季布说:"汉高祖千金悬赏捉拿你,现在非常危险,因为现在官兵已经搜查到我家来了,将军您能够听从我的话,我才敢给你献个计策;如果做不到,我情愿先自杀。"季布马上就答应了他。于是,周家的人便把季布的头发剃掉,并用铁箍束住他的脖子,又给他穿上肮脏的粗布衣服,赶快把他和周家另外几十个奴仆一同放在运货的大车里,一块卖给鲁地的朱家。

其实朱家心里知道是季布,买了下来后,就把他安置在田地里耕作,朱家就告诫自己的儿子说:"田间耕作的事,一切都要听从这个佣人的安排,每天一定要和他吃同样的饭菜。"告诫儿子后,朱家便乘坐马车到洛阳去了,并拜见了汝阴侯夏侯婴。因盛情难却,朱家留在夏侯婴那里喝了几天酒。朱家就趁机对夏侯婴说："季布犯了什么大罪，皇上追捕他的手段这么绝？"夏侯婴说："季布曾多次差点捉住杀掉汉高祖，皇上对此事有些怨恨他，所以才千金悬赏，一定要抓到他才肯罢手。"朱家又问夏侯婴，季布是一个怎样的人呢？夏侯婴告诉朱家：季布是一个难得的人才，不止勇猛过人，智谋也是无人能及。朱家又继续说道："做臣子的都必须要听命于主子，而季布受命于项羽的差遣，也是他的分内应该做的事情，何罪之有呢？灭了项羽，难道说他的全部臣子都要被杀吗？目前汉高祖刚夺得天下，一切还都要从头开始，仅仅凭着个人的怨恨去追捕一个人，为了一己之私，大动干戈在全国上下进行搜捕，只能让百姓看到现在皇上的心胸狭小，忌妒心强，怎能让天下黎民百姓臣服于他呢？再说凭着季布的贤能，汉高祖若是强加追捕他，反而适得其反，此地容不下他，他也许会顺着向北一直逃到匈奴去，要向南也可以逃到越地去。夏侯婴您为什么不寻找机会向皇上分析事情的利弊呢？"汝阴侯夏侯婴深知朱家是位大侠客，已想到季布隐藏在他那里，便答应说："好。"

夏侯婴果真等待机会，按照朱家的意思上奏皇上，皇上于是就赦免了季布。这时，许多有名望的人士都称赞季布能变刚强为柔顺，朱家也因此在当时美名远扬。之后，季布被皇上召见，自己也表明认罪，皇上任命他做了郎中。

◧ 鉴历史，得智慧

后人对季布由刚强到柔弱、忍辱偷生的行为给予很高的评价，也充分地肯定大丈夫就是要能屈能伸，不惜自己的尊严，情愿变身为奴隶也要遵守自己诺言。如果他当时不同意周家的意见，就等于否决了周氏藏匿自己的大义，就会令天下爱慕自己、尊敬自己的人失望。所以，出于信义，他便履行诺言不惜牺牲自己的尊严，这种重情重义、对人对己负责的人才是真正为天下人学习的楷模。

战国时代的孟子，就有这样几句很好的话："富贵不能淫，贫贱不能移，威武不能屈，此之谓大丈夫。"比如拿韩信来说，如果他没有绝对的勇气和信心，历史上也不会有什么明修栈道暗度陈仓了，在那么艰苦的环境下，连刘邦都失去了信心，韩信却没有，他还一直抱着必胜的信念，为他的报复和志向一直在努力着。如果没有绝对的信心，不早移了，早就屈了吗？因此，不管以后做什么事都要学会随机应变，灵活运用，该"低头"时就要低头，该"屈"时就不要硬撑，这样才能在生命中成就一番非凡的成就。

"屈"只是暂时的示弱于人，是为了更好的明哲保身，但这并不代表完全地缩回去，再也不伸展开了。人有时候就得示弱，避其锋芒，养精蓄锐，蓄势待发，未雨绸缪，这需要能屈能伸地大智慧和勇气。向别人弯曲时，也不能说明我们就是失败者，它只不过是一种生活中必备的"特殊"艺术，有时候在一些事情上低一低头，学会适时地依靠他人，可以说成是一种谦虚，更能说成是一种智慧与聪明。

俗话说"大丈夫能屈能伸"，这句话里面蕴藏着弹性生存的人生哲理。"小不忍则乱大谋""退一步，海阔天空；忍一时，风平浪静"，这也是先辈们给我们留下的处世哲学。只有经历过风风雨雨，才能看到生命中最美丽的彩虹。在人生中，面对生命的轮回，人世间浮华的一切，我们能做到的也只有坚定信念，确定目标，勇往直前！

11 》把握战机，一战而胜

◎牧野之战

商朝后期（公元前11世纪），商纣王荒淫暴虐，政权腐败，刑法残酷，逐渐在内外矛盾交织中走向崩溃。与此同时，商国西面有一个姬姓的周氏部族迅速崛起，并开始向四面扩张，国力一步步地增强。

周朝部落的先王是周文王姬昌，周文王在位期间，广施仁政，深得民心，不但与诸夏氏族联盟，又重用太公望（姜太公），扩大姬、姜两氏族的联盟，整军经武，四方部族都自愿臣服于周文王。周文王在位末年，周族势力已控有天下三分之二。

由于商纣王荒淫无度，激起了民愤，周文王便不断发展自己的实力，励精图治，企图摆脱暴君纣王的控制。周文王以具有雄才大略的姜尚为军师，任用一批贤臣。采取先弱后强，各个击破的方略，逐渐削弱商朝的势力，使商朝陷于孤立的局面。文王先后出兵攻灭西部的犬戎（今陕西武功东、兴平北，一说在今陕西凤翔境）、密须（今甘肃灵台西南）等地，为了巩固后方，还向东对商朝的几个盟国发动进攻，对商都朝歌（今河南淇县）形成进逼之势。然后，又迁都到丰邑，转移对方的视线，作为攻击商朝的前进阵地。

周文王去世后，他的儿子姬发继位，史称周武王。姬发继承父志，继续为灭商积极准备。武王以姜尚为"师"负责军事，弟周公姬旦为"辅"，负责政务处理，随着国力逐渐壮大，终于做出进攻商朝的决定。当时800诸侯不约而同拥武王为盟主，结成联合灭商阵线。不过武王认为时机尚未成熟，拒绝了众诸侯立刻伐商的建议。于是，在会盟完毕，即率军西归，史称"孟津观兵"。

周武王继位后四年（公元前1027年），商纣王已是众叛亲离，政权统治分崩离析，王族重臣比干被杀，箕子被囚，微子出奔，此时商军的主力又远征东夷，朝歌无人防守，武王趁机率领军队在正月二十八冒雨向东部进攻。从氾地（今河南荥阳氾水镇）渡过黄河进入中原，至百泉（今河南辉县西北）而往东行，于二月初直抵商都朝歌近郊的牧野。由于商朝百姓人人有心向周，所以这次行动十分顺利。

周军布置好作战阵地，周武王在阵前声讨纣王听信宠姬谗言，残杀忠臣，暴虐地残害百姓等许多罪行，极大地激发起将士的斗志。接着，武王又郑重宣布了作战中的行动要求和军事纪律，严格申明不准杀害投降或被俘虏的士兵，目的是为了全面瓦解商朝的军队。誓师后，武王下令向商军发起总攻击。闻讯后的商纣王，坐立不安，在慌忙中征调近畿诸侯及淮夷兵支援。由于商朝的主力军受到了东夷叛军的牵制无法前去支援，纣王便临时征召奴隶武装，组成一支数十万人的军队，开赴牧野迎战。由于商军士气低落，大多数人并不愿意参战，因为战斗力十分低下，一开始队形便已混乱。武王见此情况，首先命令姜尚率领一部分精锐的军队向商军进行突击，以牵制迷惑敌人，并打乱其阵脚。商军中的奴隶和战俘的心早已向着周武王，趁这个时机便纷纷起义，掉转戈矛，帮助周朝的军队作战，商朝的命运可想而知。

据史料记载，作战当天，周武王率兵车 300 乘，精锐战士 3000 多人，甲士 45000 人，鏖战终日，"血流漂杵"，战况惨烈，商朝兵将全军崩溃。纣王自知大势已去，仓皇逃回朝歌，登鹿台自焚而死。商朝宣告灭亡，武王在各方拥戴下建立了周朝，自称天子。

◘ 鉴历史，得智慧

周武王伐纣的牧野之战，结束了殷商王朝的六百年统治，巩固了周朝对中原地区的统治，为西周文明的兴盛开辟了一条全新的道路，对后世历史的发展产生了深远的影响。在这次牧野之战中，商王朝之所以迅速灭亡，根本原因是商朝统治政权腐朽，横征暴敛，严刑酷法，导致民心尽丧，众叛亲离。周王朝取得胜利也并非纯属偶然，主要是周氏部落的统领一代又一代长期采用"伐谋""伐交"的策略，并且审时度势，正确选择决战的时机，使敌人陷入被动，无法抵抗，一战而胜，成功打败了纣王。在这场战争中，长期励精图治为战争的胜利做了充分的准备，善于捕捉和利用战机也是必不可少的条件。

机遇对待每一个人都是公平的，只要你肯为自己的理想付出和奋斗，就一定可以发现机遇的身影，可谓"一份耕耘，一份收获"。要知道，人不是靠偶尔捡得撞在木桩上的兔子获得成功的。只有在"万事俱备"的情况下，东风才显得珍贵和富有价值。如果人人都可以轻而易举地得到机遇，那么这种机遇便显得没有什么价值了。所以，在机会还没有来临时，先把自己武装好。

"机不可失，时不再来"，如果当时不把它抓住，以后就永远失去了。

在我们的一生中，即使机遇悄悄地来到了身边，但它却如同时间老人一样永远不会停下脚步任我们捕捉，此时无论处在什么样的困难下，都应该迅速行动，立刻动手去做。这样一次次机会的累积，你的命运在无形中就会被一点点的被改写。

第四章

巧用韬略计谋，无往不胜

谋，是成功法宝，实行起来可以无往不胜，无论工作或者生活中，如果巧用智谋，往往能出其不意，取得良好的效果。

古今中外，许多著名的政治家、军事家、企业家，都是善于运用谋略的。中国兵家思想的核心就是以智取胜。无数的事实证明，要成功只靠蛮力是不行的，还要讲求谋略，上兵伐谋，智勇双全才能成大事！所以，巧用计谋是所有成功者的成功之道。谁的谋略运用得当，谁就能以最小的代价获得最大的胜利。

1 >> 以静制动，以弱胜强

◎长勺之战

公元前684年的春天，齐国和鲁国发生了一场战争，结果以齐国的失败、鲁国的胜利而告终，这就是著名的长勺之战，也是我国历史上以静制动、以弱胜强的一个著名战例。

公元前770年春秋时代，诸侯兼并、大国争霸成为历史潮流。齐国和鲁国是两个毗邻的国家，亦都是西周初年分封的重要诸侯国。当时的鲁国据有今山东西南部地区，都城在曲阜。当时齐国则在国力与疆域上面远远超过鲁国，齐国是姜太公吕望的封地，辖有今山东东北部地区的广大地域，都城临淄。这里土地肥沃，又富渔盐之利，当时的太公是位明智的君主，颇有治国之道，懂得因地制宜，发展国家经济，因而实力雄厚，自西周至春秋，一直成为东方地区首屈一指的大国。

公元前686年冬，齐国宫廷内部发生了一场动乱。为了争夺君主之位，朝廷中流血事件不断，一时间，齐国的君位便空置了起来。当时流亡在外的公子纠和公子小白都想回国继承王位，结果由公子小白捷足先登，继承了君位，他就是历史上赫赫有名的齐桓公。公子纠在这场齐国内部斗争中，时运不佳，在这场权力争夺中丢掉了自己的性命，其重要谋臣管仲也归到齐桓公的手下，成为齐桓公霸业的重要奠基者。之前，为了表示支持公子纠回国争夺君位，鲁国曾经公开出兵至齐、鲁边境。虽然结果是大败而归，但在当时的动荡局面下，鲁的行为导致齐鲁之间各种矛盾的进一步激化，齐桓公本人对此更是耿耿于怀，不肯善罢甘休，最终造成两国间兵戎相见的结果，长勺之战正式爆发。

公元前 684 年春，巩固了君位之后，齐桓公自恃实力强大，不顾管仲的谏阻，决定兴师伐鲁，企图一举征服鲁国，向外扩张齐国的势力。鲁庄公闻报齐军大举来攻，准备动员全国的力量发兵应战，同齐军一决胜负。这时，一个名叫曹刿的人入见庄公，要求参与战事。鲁国在长勺迎战齐军，鲁庄公在曹刿的建议下，坚守阵地，暂时按兵不动，以逸待劳，伺机攻破敌军。

而齐军方面求胜心切，连续两次向鲁发动猛烈的攻势，都受到挫败，很快造成了自己士气疲惫，斗志沦落。当齐国再次发动进攻的时候，曹刿见进攻的势头比前两次小了好多，认为反击的时机已经到了，于是，建议鲁庄公传令鲁国全线出击。鲁庄公发出攻击命令，鲁军个个气势高昂、一鼓作气、勇猛地冲向敌人，大败齐国，使之不断向后撤退。鲁庄公急欲下令发起追击，却被曹刿阻止，待他仔细查看了齐军撤退的脚印，发现是错乱不堪，没有秩序，这才让鲁庄公下令继续追击。结果齐军遭到了严重创伤，以失败告终。

■ 鉴历史，得智慧

长勺之战是中国战争史上以静制动、疲敌制胜最早也最典型的战役，占有重要地位。齐鲁长勺之战，既没有武王伐纣的气势，也没有宣王南征的规模，只是一次十分平常的诸侯之间的一场战争。但它却在政略、战略和策略上正确地反映了弱军对强军作战的基本规律和原则，鲁军运用的以逸待劳、以静制动、敌疲我打、击其惰归的战术，对后世后发制人的战略战术的形成具有重大影响，其一鼓作气、再而衰、三而竭的"后发制人"防御战略思想，给人们以有益的启迪。是鲁齐长期斗争中鲁国的一次罕见的胜利。在作战中，齐桓公不听管仲之言，轻率用兵，最终导致齐国的惨败。这次经验和教训对齐桓公调整并完善自己的争霸战略方针具有一定的影响。

以静制动，以弱胜强，既是兵法中的智慧，也是生活中的智慧，或者叫以冷静制反动更为贴切些。在举国上下同仇敌忾之时，冷静不是懦弱，不是退让，而是更彰显自己的强大与进取。如果不冷静的话，很容易乱了方寸，忽略了原本应该做的事，或者影响本该做好的事，这正是敌人想要看到的，正好中了他们的下怀，让敌人偷着乐，是我们任何一个爱国者都不希望看到的。

"静"并不是消极等待，以静制动在某种程度上是给自己造成一种气势，目的在于让对手摸不着底细而不敢贸然进攻。以不变应万变，等待最佳的出手时机。

2 >> 掩盖意图，一石二鸟

◎借道灭虢

公元前658年和655年的春秋初年，晋国诱骗虞国借道，一石双鸟，先后攻灭虢、虞两个小国，这就是历史上著名的假途灭虢之战，即借道灭虢。

春秋初期，诸侯并立，兼并无已。位处中原地带的晋国，在晋献公的带领下，成为当时的实力较强的大国。晋献公早年就雄才大略，奋发图强，极力开拓疆土，在这场弱肉强食的大混战中不断兼并征服小国，势力迅速崛起。很快把两个小国——虢国和虞国预定为吞并的目标。虢国和虞国位于晋国的南方，控制着晋国南下中原称霸的通道，因此成为晋国首先兼并的对象。

可是，晋国要顺利实现这征服的目标并不是那么容易的事，当时的虢、虞两国虽然地狭人稀，国力弱小，但却是同姓毗邻，晋国如果攻打虞国的话，虢会出兵救援；晋国若攻虢国，虞也会出兵相助，所以，晋国同其中任何一国开战，都意味着要同时和两国之师相抗衡，那样会大大增加战争的难度，也可能以失败而告终。那么拆散虢、虞两国的同盟关系，使自己避免陷于两线作战，就成了晋国在吞并两国军事行动中首先必须解决的问题。于是，晋国采取了各个击破的策略，这就是先利用虞灭虢然后再破虞。

晋国有位聪明的大夫叫荀息，他向晋献公献上了一妙计，就是打探虞公的兴趣爱好，然后备好虞公喜欢的厚礼贿赂收买他，从而破坏虢、虞两国之间的友好同盟关系，然后跟虞国说要攻打虢国所以借用一下他们的道，待虞国中计、虢国败亡后再轻而易举地拿下虞国。晋献公听后，大叫这一计谋好，然而，想到要给虞公自己的珍宝，却有些顾虑了。荀息猜透了晋献公的心事，于是说道："珍宝送予虞公，只是暂寄，早晚会有拿回的。"晋献公认为有理，于是，派荀息携带着良马、美玉等奇珍异宝出使虞国。虞公得到良马美璧，高兴得嘴都合不拢。于是，荀息向虞公正式提出借道攻虢的要求，贪婪而又目光短浅的虞公收下了良马、美玉，又不敢轻易开罪于晋国，不仅答应了晋国的要求，而且表示愿意出兵协助晋国作战。虞国著名的贤臣宫之奇，一听说此事，就认为大为不妥，在一旁加以谏阻，力阻借道。但虞公根本不听他的意见，反而认为是他太多心了，于是一意孤行，硬是朝着晋国的圈套里钻去。于是，公元前658年夏，晋国向虢国出兵，派晋大夫里克、荀息统率晋国军队通过虞国的土地去攻打虢国。晋国在虞国军队的积极配合协同下，军事行动开展得很顺利，很快攻占了虢国的下阳，一举控制了虢、虞之间的战略要地，虽然这次并没有消灭虢国，但在大大削弱了虢国的力量的同时，又进一步摸清了虢、虞两国的虚实，为下一步消灭两国的行动创造了有利的条件。

3年很快过去，晋献公又一次向虞国提出了借道伐虢的要求。这时，虞国大夫宫之奇听后大为惊恐，因为他更透彻地看清了"假道"背后所包藏的险恶用心，断定这次晋国借道伐虢的回师途中必定灭虞，向虞公明确指出虞国就是晋国灭虢国后的下一个目标。并且严重地向警告虞公"晋不可启，寇不可玩"，力图以虢、虞两国"辅车相依，唇亡齿寒"的其中利害关系，向虞公说明虢国和虞国两个国家地理相连，利害攸关，虢亡虞必亡，劝虞公绝不能答应借道。可是早就被晋国收买的虞公已利欲熏心，根本不理睬宫之奇的警告和建议，反而以晋不会伤害自己为理由，再次答应了晋国借道的要求。宫之奇见虞公不听劝告，虞国灭亡近在旦夕，无可奈何之下，便率领族人逃离了虞国。

这一次，晋献公亲自统军，浩浩荡荡地去攻打虢国，可见晋军这次是志在必得。晋军进展迅速，很快取得了胜利。弱小无援的虢国，数月后即为晋军所灭，虢公且仓皇逃奔京师（今洛阳）。晋军凯旋回师，把劫夺的财产分了许多送给虞公。虞公更是开心不已。于是，晋国行经虞地时，就驻扎在虞国京城附近，虞公也毫不怀疑。几天后，在虞国完全没有防备的情况下，驻扎的晋军突然向虞国发动袭击，生俘了虞公，轻而易举地灭亡了虞国，最终达到了吞并两国的目的。

▣ 鉴历史，得智慧

借道灭虢之战虽然规模不大，但是却揭示了军事斗争中的一些重要规律，体现了相当丰富深刻的军事斗争艺术，因此，给后世留下重要的启示和教益，也得到历代兵家的广泛重视。"掩盖意图，一石二鸟"也曾被著名兵书《三十六计》立为一计，用简洁的语言概括了这样一条重要规律在军事斗争中的作用和意义：在战前，一方有意掩盖自己的真实意图，利用对方贪利、畏怯等弱点，借攻击第三者为由，顺势渗透自己的势力，控制对方，待消灭了第三者，然后再等待合适的时机，以迅雷不及掩耳之势发起攻击，一举消灭或制服对手，达到一石二鸟的目的。晋军就是能够做到"必胜之兵必隐"这一点，然后借道的假象巧妙掩盖自己各个攻灭虢、虞的真实企图，取得了战争的胜利。

其实，在生活中，做任何事都是这样的，在时机不太成熟的时候我们都要学会掩盖事情真相，抓住对方的弱点，待到时机成熟的时候再进行攻击。这也是顺利取得成功的一种有效的方法和手段。兵不厌诈，只有深谙此中奥秘，才能确保自己战略意图的实现。

要知道如何利用敌人，智者都是善于此道，他们在敌人身上所发现的用处往往比愚人在朋友身上发现的用处更多，许多成功的人也多半是靠他们敌人促成的。所以我们要善于在对手的身上"借"得我们所需要的，在行施"借"这一计谋过程中，晋国君臣针对虞公贪利爱财的这一弱点，诱之以利，迷惑其心智，使敌人始终由自己牵着鼻子走，无所作为。此外，在这次战争中所反映的唇亡齿寒的道理，在后世弱国联合抗击强国提供了有益的启迪和基础，这些处在敌我两大国中间的小国，当受到敌方武力胁迫时，某方常以出兵援助的姿态，把力量渗透进去，从而打败对方。

3 >> 知己知彼，百战不殆

◎诸葛亮智设空城计

诸葛亮妙设空城计，骗退司马懿15万大军这一智谋故事见于《三国演义》第九十五回"马谡拒谏失街亭，武侯弹琴退仲达"。

时值三国时期，蜀国丞相诸葛亮北伐中原，然而错用了"言过其实，不可大用"马谡为将军带兵驻守街亭，结果却致使街亭这个战略要地失守，剩余2500军士退往驻守在西城县，这是个弹丸小城，易攻难守。虽然如此，也要提防被魏兵堵截归路、全军覆灭的危险。诸葛亮为了避免更大损失，于是安排人马，布置撤退。

正要撤离时，突然有哨兵来报说："司马懿正率领大军15万，往西城蜂拥而来！马上就到了。"这时的诸葛亮身边没有一个大将，士兵也大多派出去，仅有老幼病残2500人，根本无法作战。除此之外，连唯一逃跑的路也已为司马懿占住。更何况辎重行李多，马匹、车辆少，走不出几里，就会被魏军铁骑追杀殆尽。众人听到这个消息，个个大惊失色，一句话也说不出来。这时，诸葛亮登城楼观望后，马上安慰众人说："大家不要惊慌，我略用计策，便可教司马懿退兵。"

于是，诸葛亮当即传令命人将所有的旌旗全部隐藏起来，所有的将士们各自躲在自己的原来位置，不得来回走动和大声喧哗，违者立刻斩首！并且命令军兵把四个城门都打开，然后各安排20个扮作百姓的军兵，在门口洒水、打扫街道，并且不许他们神色慌张和任何不当的举措。而且当魏兵到达城前时，也不让他们退入城内，仍要一如既往。众人虽不解其意，但看他胸有成竹的样子，也只好按他说的做了。

诸葛亮传达完命令，只见他披上一件印有仙鹤图案的宽大长衫，用一块绸布便帽作头巾，让两个少年携带一张琴，随他登上城头，点上香，然后凭栏而坐，安然自得弹起琴来。

司马懿的先头部队很快到达城下，见了这种气势，都不敢轻易入城，于是，便急忙返回报告司马懿。司马懿听后，觉得很是奇怪，诸葛亮应该领兵拒敌，怎么作道士打扮，悠闲地在城头弹起琴来了呢？于是便令三军停下，自己亲自飞马前去观看。

果然，在离城不远的地方，他看到诸葛亮端坐在城楼上，笑容可掬，在袅袅上升的香烟间，旁若无人、安然自得地正沉浸在自己所弹奏的琴音中。左面一个书童，手捧宝剑；右面也有一个书童，手里拿着拂尘。城门口处，有二十余老少百姓正低头洒扫街道，有条不紊，不惊不慌，旁若无人。司马懿疑惑不已，看了许久，听了很长时间，无论从对方人物的表情动作还是诸葛亮所弹出的琴声中，都看不出丝毫破绽。

于是，便来到中军，令后军充作前军，前军作后军撤退。众将士狐疑不明，他的二子司马昭说："莫非是诸葛亮家中无兵，而在故弄玄虚？我们可以攻进去的。"直到撤离西城远了些，司马懿才说："诸葛亮一生谨慎，从不曾冒险。现在城门大开，里面必有埋伏，这是个骗局！我军若贸然轻进，必中其计。"于是各路兵马都退了回去。

◉ 鉴历史，得智慧

　　诸葛亮妙设的这个空城计名闻天下，是《三国演义》里特别精彩的计谋之一，历来为人们津津乐道。空城计是利用心理战术取得胜利的，是一种"虚而虚之"的心理战术，这种战术被运用在战争的紧急关头和力量悬殊非常大的情况下，故意向敌人暴露我城内空虚，这就是所谓的"虚者虚之"，这样可以使敌人产生怀疑，再疑中生疑，更会犹豫不前，怕陷入对方的埋伏圈内，就是所谓"疑中生疑"，利用此计，从而达到排危解难、化险为夷的目的。此计谋是悬而又悬的"险策"，真是万不得已，最好不要利用。那么使用此计的关键是什么呢？就是要清楚地了解并掌握敌方将帅的心理状况和性格特征。诸葛亮使用空城计解围，就是他充分地了解司马懿谨慎多疑的性格特点才敢出此险策。而司马懿中此计，也是因为他对诸葛亮有一定的了解和认识。所以，不管做什么事情，"知己知彼，百战不殆"这个指导思想都很重要。这一规律，不但为古今中外的许多军事家作为一种智慧、一种决策制胜方略所推崇，而且也同样适用于社会生活中的各个领域。

　　古人云："知己知彼，百战百胜。"要想知彼就要先知己，自我分析就是了解自己，了解自己是一个思考的过程，并不是胡思乱想，而是一个人头脑中自问自答的过程，只有问好了问题，才能得到好的思考和自我分析；不好的问题，胡思乱想，最终不会有好的答案，分析不出自己的优势和劣势。所以，只有改善自己的劣势、发挥自己的优势，做到知彼知己，才能成为在市场上获取巨额财富的赢家。

4 >> 清廉自持，劝恶为善

◎朱博降服两恶

汉代的朱博本是一介武将，字子元，杜陵人，生于贫困之家。后来因救陈咸一事，而名声显扬，当了郡功曹，升任冀州刺史，从此开始了做文官的生涯。不久之后他又被调到左冯翊，刚上任不久，他就利用一些巧妙的手段，制服了地方上的大片恶势力，此事一直被人们传为美谈。

在长陵大姓中，有一个叫尚方禁的人，他是这一代的豪强，在年轻时曾因强奸别人的妻子，被人用刀砍伤了面颊。他的如此行为，本应受到重重惩治，但官府的功曹，因收了尚方禁的贿赂，不但不对他革职查办，反而调升他为守尉。

朱博听闻此事之后，觉得很是恼怒。思来想去，突有一计袭上心头。于是，他找了一个借口，命人把尚方禁叫来。尚方禁曾听说朱博是个聪明的清官，所以，心里七上八下的来见朱博。朱博仔细看过尚方禁的脸上的伤痕后，便命左右的人避开，故意问他脸上的伤疤是怎么来的。这时的尚方禁做贼心虚，也尚自知朱博已知实情，于是，连忙叩头据实禀报。说完之后，头也不敢抬，只是跪在那里一个劲地向朱博哀求道："请大人恕罪，小人今后再也不干那种伤天害理的事了。"朱博突然大笑道："男子汉大丈夫，本是难免会发生这种事情的。我想为你洗雪耻辱，你愿意为我效力吗？"尚惊喜道:"万死不辞。"随即,朱博命令尚方禁不把今天召见他谈话的内容向任何人说起,并且令他一旦有机会就记录其他一些官员的言论,及时向朱博报告。就这样,朱博把尚方禁纳为了自己的亲信、用为耳目了。

之后,尚方禁尽心尽力,日夜活动,侦探那些贪官污吏的证据。不久,在他的揭发下,朱博破获了许多起盗窃、抢劫、杀人和其他隐蔽的犯罪活动,工作十分见成效,使地方治安情况大为改观。根据尚方禁立下的功劳,朱博遂提升他为连守县县令。

后来,朱博召见那个当年受了尚方禁贿赂的功曹。关上门,独自对他收受贿赂这件事进行了严厉训斥,随后朱博拿出木简和笔给功曹,让他把自己的一桩桩贪赃奸情,不论大小一一写下来,不能有丝毫隐瞒。那位功曹十分惶恐害怕,只好写下自己的斑斑劣迹。

朱博看后,知道功曹所写的交代材料,大致不差,仍然叫他就座,并教育他:"从今后,一定要改过自新,不许再胡作非为!"说完就拔出刀来,把他所写的罪状削成了木屑,并让他出去仍担任原职不动。这位功曹从此以后终日如履薄冰、战战兢兢,工作起来尽心尽力,办事再不敢有任何差错和丝毫懈怠。

▫ 鉴历史,得智慧

在这个朱博以智制裁地方恶霸的事例中,就是因为他抓住了尚方禁及受了尚方禁贿赂的功曹的把柄,所以才能轻而易举地迫使他们乖乖听从自己的指令,不能再为非作恶,并尽心尽责地为自己办事,从而达到自己原本就想使官府风气、治安状况大有好转的目的。这就是所谓"打蛇打七寸""抓刀要抓刀柄",只能这样,才能使对方受制于己,为自己办事。

抓刀抓刀柄，制人拿把柄，努力发现他人的弱点作为把柄。商场上竞争者的弱点有时是众所周知的，有时也是隐而不显的。当然越是大家都知道的弱点，在运用上收到的效果却是甚微，只在那些别人都不清楚的隐情或绯闻，才能达到很好的效果。所以，真正的智者或强者他们多半是对竞争对手进行面对面的竞争，而不去造谣或者放冷箭，一旦让智者或强者发现了对手身上的弱点，他们从不会轻易放过，而足用其弱点"拿住"他为我所用。

总之，任何人都难免有过失、错误，抓刀要抓刀柄，制人要拿把柄。抓住对手把柄是制服对手的十分有效的策略。

所以，在日常生活中，我们一定要注意：就是和我们最好的朋友也不要轻易地吐露真相，因为世事难料，也许有一天你们会成为敌人。因此人际往来，交朋结友应懂得矜持之道及胸有城府，力免授人以柄而沦为受制于人的可怜下场。

5 >> 示假隐真，引蛇出洞

◎孙膑增兵减灶斗庞涓

孙膑与庞涓同时拜师在鬼谷子门下，学习兵法。虽然两个人同门数载，但孙膑的聪明才智，却时常招来庞涓的嫉恨。后来，庞涓到魏国做了将军，很得魏惠王的信任，成了魏国有名的大将。不久，他们师父鬼谷子的好友墨子向魏惠王极力推荐孙膑，说他是一个不可多得的人才，于是魏王命庞涓去迎接他的同学孙膑。在两人共同为魏效力的时候，庞涓因妒忌孙膑的才能，常常在魏惠王的面前说孙膑的坏话，有一次，他暗中向魏惠王说孙膑私通齐国。魏惠王听后大怒，派人将孙膑绑来，然后交由庞涓处置。庞涓得到这个机会，当然不会放过孙膑，于是，他命人把孙膑的膝盖骨挖去，还在他脸上刺了字。孙膑装疯，松懈了庞涓的警惕之心，为逃出了魏国打下了基础。

后来，这事传到了齐威王的耳里，他早就很佩服孙膑的才能了，于是，命令客卿淳于髡，带着墨子的弟子禽滑厘到魏国救出孙膑。孙膑回到齐国，受到了齐威王的重用。

中原地区的魏国在变法后，国力逐渐强大起来，成为中原的大国，并不断对邻国用兵。公元前354年，庞涓引兵攻赵，包围了赵都邯郸。赵抵抗不住，向齐求救，齐威王命田忌做主帅，孙膑做军师，率军救赵。于是齐军在孙膑计谋的指导下，他们把矛头直接指向魏都大梁（今河南开封）。庞涓闻讯立即丢下赵国，急速回军自救。孙膑料定庞涓南撤必经桂陵，所以，提早地在那里设置了埋伏，打算袭击魏军。果然魏军措手不及，被齐军打得大败而逃，其将领庞涓狼狈地逃回了大梁。

事隔十三年，即公元前341年。魏惠王派庞涓联合赵国引兵攻韩，韩国抵挡不住，于是，韩昭侯求救于齐。齐以田忌、田婴为将，孙膑为军师。这一次，孙膑还是采用桂陵之战的老办法，不去直接救援韩国，而是带兵经曲阜、亢父，由定陶进入魏境，直取魏国都城大梁。庞涓闻讯，忙弃韩而回。魏惠王对齐国一再干预魏国的大事，带着深深地痛恨，决定倾国之兵对齐以打击，以太子申为上将军、庞涓为将军，随军参与指挥，誓与齐军决一死战。

孙膑见魏军来势凶猛，而他这边只是一部分的军队，如果与齐硬拼的话，只能全军覆没，所以只能智取，慢慢等待援军的到来。于是，他决定采用欲擒故纵之计，诱庞涓上钩。孙膑命令军队马上向位于鄄邑北60里处的马陵方向撤退，这里沟深林密，道路曲折，适于设伏。孙膑为了迷惑敌方，命令齐军第一天造灶10万个，第二天，转移到另一个地方再造灶5万个。同样地，第三天造灶2万个，庞涓一路追来，见齐军扎营所用的灶在不断减少，大喜过望，他认为齐军撤退的3天里，不断的消亡已过半，于是，他命令抛下辎重，便轻率地率领精锐之师兼程追赶。

孙膑估计魏军的行军速度，天黑应当赶到马陵。于是命令士兵把大树砍倒，堵塞道路，只留路旁一棵大树，削去树皮，在光光的树身上写了这样几个大字："庞涓死于此树之下。"又命齐军善射者持上万张弩，埋伏在道路两旁，约定好"天黑见到点着的火就一起放箭"。而这时，齐国的增援部队已赶到。庞涓天黑时赶到马陵，命兵士点火把照路，刚见一棵大树上写着"庞涓死于此树之下"这几个大字，顿悟中了孙膑的计策，想撤退之时已晚。齐军万弩齐发，魏军进退两难，阵容大乱，失去队形，死伤无数。庞涓自知厄运难逃，无计可施之际，拔剑自刎。齐军乘胜追击，巧遇太子申率后军赶到，遂一阵冲杀，全歼魏军，并俘虏了魏太子。这就是历史上著名的"马陵之战"，亦称"增兵减灶"。经过此战，魏国由盛转衰，从根本上削弱了魏国的军事实力，从此，魏国一步步走下坡路，失去了中原的霸权。而齐国则挟战胜之威，力量迅速发展，成为当时数一数二的强大国家。孙膑也因善于用兵而名扬天下。

▣ 鉴历史，得智慧

"增兵减灶"是一种迷惑敌军的战术，也是我国历史上一场典型的"示假隐真"、欺敌误敌、设伏聚歼的成功战例。公元前341年，庞涓在桂陵之战惨败，因此他一直想要寻机报复，孙膑便是抓住庞涓骄傲轻敌的心理，在庞涓寻求与其决战之时，故意率齐军撤兵，为了诱使敌军进行追击，并在三天之内施展了"减灶"的高招以示弱，造成在对手追击下，己方士卒大批逃亡的假象。然而实际上却在暗中增加军事力量，等对方认为得势追击。于是一路追赶着孙膑的庞涓果然不察孙膑的示弱诱敌之计，很快就落入了孙膑的包围圈，让孙膑有了可乘之机，从而借助有利形势反击获胜。

战争是一门很复杂的艺术，现代商战也是一样。在崭新的商业时代，竞争已经不再是单纯的资源的竞争、知识的竞争，而是思维智慧的竞争，所以运用智慧来达到自己的目的，成了必须。特殊的情况下，制造假象误导敌人的思想，要真假有变化，虚实相结合，而且要一假到底，否则易被对方发觉，难以达到制敌的目的。先假后真，先虚后实，以至无中生有，引蛇出洞，使敌上当。这种技法实施的关键在于"引"，引得起来，引得时机正确才能成功。在这里"引"有两个环节：

一是时机与环境。什么时候引出对方，引到到什么程度，还有所引适不适合，都要根据所面临的机会和气氛进行全面的考虑，只有这样才能取得胜利。如果操之过急或行之迟缓，都不相宜。指挥者必须抓住对方已被迷惑的有利时机，迅速地以"真"、以"实"、以"有"，也就是以出奇制胜的速度攻击敌方，趁对方头脑还来不及清醒，将其击溃。

二是巧妙与自然。引，必定不能让对手看出破绽，必须天衣无缝，自然挥威，然后才能要对手按照自己的思路和愿望发展，一步一步地向已经定好的预定目标靠拢。要抓住对方思想已乱迷惑不解之机，迅速变虚为实，变假为真，变无为有，出其不意地攻击敌方。

6 >> 先发制人，争取主动

◎司马懿奇兵破孟达

司马懿出生在一个豪族世家，年少是就聪明博学，并有忧天下之心。他年轻的时候在郡中作小吏，后被曹操辟为文学掾。到曹操称魏王后，司马懿在魏国地位逐渐加升，魏明帝太和元年，曹睿继位后，司马懿开始坐镇宛城，掌管荆豫二州所有的军事，并且主持荆州对吴国的战事。

太守孟达驻守在新城，有反魏之心。当初，蜀将孟达投魏时，司马懿就认为孟达此人言行轻巧，不可信任，但曹丕不听。孟达一得到孙吴、刘蜀的暗中支持后，便在新城举起了义旗。

驻守在宛城的曹军元帅司马懿得知此事后，左右为难。因为当时的朝廷规定，如果举行重大军事行动，一定得先向朝廷请示报告，并获得批准后才能行动，这时的司马懿应先晋见皇帝，取得诏书之后才可对孟达进行军事攻击。但这样一来一回，1200里地，就是快马也要十来天，对国家利益非常不利。如果孟达突然发难，再加上孙、刘兵的相助，那时想拿下孟达就很困难了。如果自行采取行动，又容易引起朝廷对自己的怀疑，并有嫌自己权势过大的迹象。真是左右思量，不知道怎么办才好。最后，司马懿觉得还是应以国家利益为重。一边上书报告情况，解释原因，一边率大军即刻进发。

　　为偷袭敌人，打敌人一个措手不及，司马懿让三军偃旗息鼓，亲率大军分为八队齐头并进，昼夜兼程，八天后即抵达新城城下。

　　司马懿军队的出现，马上就在孟达军中引起了一片惊慌。吴、蜀则派出援兵解救孟达，很快被司马懿部拦阻于西城的安桥、木兰塞等地。此前，诸葛亮曾告诫孟达加紧防范，孟达则写信给诸葛亮说，司马懿请示朝廷后率兵至此，少说也要一个月，而且司马懿不会自己来。因此，孟达按一个月的时间安排了加固城墙的任务，然后，则坚壁不出战，因为司马懿劳师远进，粮草不可能带多，计划趁他粮草不济无奈退兵时再突发袭击，定能取胜。等到兵临城下，孟达才惊叹司马懿行军真是太快了，也一下子打乱了孟达的所有的部署，新城目前城墙不坚固的弱点一下子暴露出来。司马懿挥师渡水，毁了孟达没修建好的木栅，直逼城下，孟达部将邓贤和李辅等见大势已去，便开城门投降。魏军入城，擒斩孟达，传首京师，俘获万余人，并将孟达余众七千余家迁往幽州，迅速平定了这场叛乱，各郡郡守见司马懿克敌制胜，纷纷奉礼祝贺，司马懿也因此受到朝廷的嘉奖。

■ 鉴历史，得智慧

　　战争中，两军交战，贵在神速，常采用的就是先发制人之战术。《兵经百字·上卷智部·先》有云："兵有先天，有先机，有先手，有先声……先为最，先天之用尤为最，能用先者，能用全经矣。"这里强调的是先行出击的重要性：先则制人，后则为人所制。许多军事家也认为战争中"先发制人"最重要，如果能掌握了先发制人的诀窍，也就牢牢地掌握战争中的主动权。日常生活中，人们也是常说：先下手为强，后下手遭殃。

　　先发制人，也是一种特殊情况下对特殊对象的特殊方式。如果自己能在精神、气势、体魄、力量、武技等方面强于对手时，先发制人，可一举获胜。就是在双方竞争中，旗鼓相当的情况下，如果一方能准确判断出对方的破绽，并能抓住时机果断进攻，也能达到出奇制胜的效果。当自身条件不如对方时，如果有旺盛的斗志和拼搏的精神，再加上疾快的速度和不拖泥带水的动作，坚决果敢地以一往无前的气势出击，先发制人，从而取得竞争的主动权，也能达到反败为胜的目的。对手越消极，我方就应当出其不意，攻其不备，一招即中，不容还手，以主动制被动，以进攻克防守。

先发制人，贵在一个先字。抢占先机，无论是在形势还是要在精神上都要占据上风。其次是毫无畏惧，在气势上挫伤对方的锐气。还有是理，以势压人，以理服人，使对方不得不服。

先发制人的最大忌讳是举棋不定，优柔寡断。如果看准了此举有效性和可行性的预期结果，还需要有刚毅果敢的精神，毅然决然的去实施。采用先发制人的对策时，不能单纯考虑在时间上抢先，而是经过对双方形势的预测，发现最佳时机才能先敌行动。而且机不可失，当机立断才能取得最后的胜利。

7 ≫ 声东击西，赚钱有术

◎钟会伐蜀先攻吴

钟会（225—264），字士季，生于颍川郡长社县，是三国时期曹魏大臣钟繇的儿子。钟会自幼才华横溢，上至皇帝、下至群臣都对他非常赏识，后来成为魏国重要谋士和将领。钟会智谋可比西汉谋士张良，又因曾为司马昭献策阻止了曹髦的夺权企图，从此成了司马氏的亲信。景元四年秋七月，司马昭得知姜维在沓中避祸，而刘禅昏庸无能，认为这是伐蜀的大好时机，虽只有钟会一人支持他的伐蜀计划，司马昭仍派邓艾、钟会领兵伐蜀。

钟会为了迷惑蜀国，就先以伐吴为名，命令东南诸州造船，又让东吴降将安远将军唐咨作浮海大船，俨然一脸海陆水并进，南征东吴的样子。司马昭不知其意，遂召钟会问之："你本来要走的只是陆路，造船作什么用呢？"钟会回答说："如果蜀国知道我军将要出兵攻打它，定会向东吴求救，这样，我们就没有胜利的机会的。如果先扬言攻打吴国，吴必不敢轻举妄动，等破了蜀国，船也造成了，正好顺势攻占吴国。"司马昭听后，觉得真是一条妙计，于是马上命令钟会出师，并送钟会城外十里之远。

然而钟会虽戏唱得十足，还是被身在沓中的姜维看穿了他的伎俩。于是，姜维马上上表后主刘禅，说明魏国的阴谋，并请求后主马上派遣张翼、廖化督诸军分护隘口阳安关、阴平桥，防范魏军的进攻，为战争做准备。然而姜维的劝告对刘禅来说，远远抵不上满嘴谗言的黄皓，他以为魏军不会进攻，把姜维的奏章给压下，连群臣都不知道这件事。结果虽然姜维识破钟会的计谋，但对钟会却一点损失也没有。

公元263年的夏天，魏国的十八万大军分三路进攻蜀国：将军邓艾率兵3万多，自狄道向甘松、沓中，进攻驻守在此的姜维；雍州刺史诸葛绪率3万多人马，自祁山向武街、阴平之桥头，切断姜维的退路；镇西将军钟会率主力10余万人，分别从斜谷、骆谷、子午谷，进军汉中。蜀国后主闻讯魏国来攻，这时，才仓促应战，忙派遣右车骑将军廖化率一支人马往沓中，增援姜维；派左车骑将军张翼和辅国大将军董厥率另一支人马到阳安关防守汉中的外围据点。魏军来势汹汹，志在必得，而蜀国毫无准备，君臣见敌攻入门前，顿时都慌作一团，不知所措。魏国不久果然直捣蜀汉大败蜀军，姜维等人投戈放甲于钟会军前，蜀国就此灭亡。

灭蜀后，钟会打算自立政权，大力结交西蜀有名人士，并不断的打击邓艾等人，但由于他善谋而不善于用兵，最后，手下官兵发动兵变，钟会与姜维等人皆死于兵乱之中。

▣ 鉴历史，得智慧

"声东击西"属于军事计谋，如果在国与国之间的征战上用此计谋，那么统一天下之势，无人可挡。钟会就是以此计大败蜀军，下命令于各州积极制造战船，表面上看似进攻东吴，暗地里却在集结大军秘密做进攻西蜀的准备。

如今，商场上的竞争也就是智谋之战，谁的智谋高谁就能抢占商机。声东击西之计，忽东忽西，制造假象，迷惑对方，从而引诱对手做出错误判断，然后乘机歼敌。所谓"醉翁之意不在酒"，一般当对方有很好的准备时，是很难取得胜利的，所以我们要攻其不备。为使对手发生混乱，这时必须采用些灵活机动的行动就可以达到目的，做到似可为而不为，似不可为而为之，对方就无法推知己方意图，被假象迷惑，做出错误判断。从而为自己争取最有利的时间和地位。

这个竞争激烈的经济市场中，学会掌握此计，灵活运用这一计谋，它将会给你带来意想不到的收获。本来决定做的事情，表面上却不显出任何的迹象，让对手不知你的深藏意图，从而轻而易举获得成功。只要合理发挥、使用得当，必然能助你一臂之力。

8 >> 养精蓄锐，以逸待劳

◎王翦大破楚军

　　王翦，生于频阳东乡，是秦国杰出的军事家，是继白起之后秦国的又一位名将。战国末期，秦始皇欲灭楚，倾心于秦将李信。有一次，秦王嬴政问李信，如果他打算攻打楚国，需要多少人马，这时李信回答说："不过二十万人罢了。"不久，秦王又拿同样的问题问大将王翦，王翦却回答说："非六十万人不行。"秦王听后不无讥讽地说："王将军老了，为什么这样胆怯呢！"秦始皇于是派少年将军李信及蒙恬率二十万军队南伐楚国。开始时，李信率领秦军连续攻占数城，其势锐不可当。之后，李信又进攻鄢郢，击败楚军后，便领兵西向，与蒙恬在城父会师。项燕率领的楚军乘此机会积蓄力量，并尾随于李信军队之后，三天三夜没有停息，终于大破李信军队，攻占了两个营垒，并杀死了七个秦国都尉，李信狼狈地逃回了秦国。

　　秦始皇闻秦军失败，大怒，为了他的称霸大业，于是秦王又起用了已告老还乡的王翦。王翦说："老臣年纪大了，又体弱多病，昏乱不明。如果大王非要我出兵的话，那就请给我六十万人马。"秦王允诺了他的要求。于是，王翦率领六十万军队伐楚，行前又向秦王多求良田屋宅园地，秦王很是不解地说："将军既已出兵，何患贫穷？"王翦回答说是为了子孙置业。实际上王翦是以此方法来稳固自家，打消秦王对他的怀疑，从而使自己避免杀身之祸。秦王亲自送王翦军队至灞上。楚国听说王翦大军一至，立刻尽发国中兵力以抗秦。

然而老将王翦却只是专心修筑城池，无丝毫与楚军交战与进攻的意思。楚军屡次挑战，秦军始终不出。王翦每日要求将士们休整部队，士卒们沐浴健身，鼓励军中将士养精蓄锐，休养生息，并用丰美可口的饮食抚慰关心他们，亲自与士卒们同甘共苦。王翦以此方法消耗敌军，以待最后殊死一战。在秦军始终闭垒不出，相持年余的情况下，楚军绷紧的弦早已松懈，将士已无斗志，认为秦军这样只是防守自保，无奈只好引军向东撤退。而这时的秦军将士人人身强力壮，精力充沛，平时操练，技艺精进，王翦见时机已到，马上下令追击正在撤退的楚军。秦军将士人人如猛虎下山，杀得楚军溃不成军，秦军乘胜追击，追至蕲南，击斩了楚将项燕。公元前223年，王翦造战船，渡江追击仓皇溃逃的楚军，平定了楚国城邑，俘虏楚王负刍。楚军败，秦灭楚。

■ 鉴历史，得智慧

秦国大将王翦进攻楚国，采用的就是"养精蓄锐，以逸待劳"的计谋，他坚守阵营，不迎战，直至项燕防备松懈之时再攻袭项燕军，从而大破楚军。此计策，在日常生活中，在人与人之间的竞争中，常常被人们拿来利用。

历史的经验一再表明，人世间万物，有张有弛，张弛交替而适度，这是事物发展的普遍规律。同样，军队作战机制的正常运行也是一样的道理，当军队士气旺盛时，就激励他们再战；当士气衰落时，就休整调息部队，养精蓄锐，等待士兵们精锐气盛之时，再与敌进行有力的战争，这条著名的计策常常被人们运用于战争之中。只有深懂此计策的将领，才能先到战场上从容地等待敌人，掌握战争的主动权，后到达战场的那一方只能仓促应战，从而处在疲劳、被动的地位和状态。所以，善于指挥作战的人，总是调动敌人，而决不会被敌人调动。

王翦用兵作战之技巧，是非常巧妙的。很多人都在学习他的作战策略，但是真正具有王翦这样的才华和智慧的人又太少，所以大多数的人虽然整天都在忙碌，但始终不见作为。因为他们只是简单的不断重复着同样的事，而不是养精蓄锐，为以后取得更大的发展而努力。然而，要知道在这个社会上生存，就是在进行一场战争，特别现在处在这种无硝烟的战争中，更是一个斗智斗勇的过程。所以，在做事之前一定要先经过慎重、认真的考虑，然后才能采取行动。在对下一步的行动有充分的把握的情况下再行动，这是取得竞争胜利所必需的。而这个过程就是一个"养精蓄锐"的过程。

养精蓄锐，可以安逸等待疲惫的敌人，而予以痛击则可胜。就像稳坐网中的蜘蛛，以逸待劳地等候猎物上门。只有学会养精蓄锐，才能使自己保持旺盛的斗志和生命力。每一位渴求成功的人，尤其是处于创业阶段的奋进者，在做事方面一定要事事小心，不要滥用精力，不要以为到处出击就会有收获，而应当以谋略战胜对方，这样才能获得更大的成功。

竞争是时刻存在着，在平时要认真吸收精华，充实自己。不是有一句话说：养兵千日，用兵一时吗？

第五章

驾驭进退规则，博弈生存

　　人生之路上，要懂得适时而止，知何时进何时退，后退是为了更好地前进，适时隐退才能保住根本利益，无视进退规则，可能永远会与失败为伴，甚至遭遇厄运。

1 >> 退一步，成功的希望更大

◎韩信忍胯下辱

古代历史中的韩信，人人皆知，其武功盖世，在当时称雄一时，善用以柔克刚之术。韩信在还未成名之前，并不是那种恃才傲物、目中无人之士，而是一位谦和柔顺、能屈能伸之大丈夫。

韩信早年的生活穷困不堪，经常要靠别人的接济才能过日。一天，无事可做的韩信正在街上游走，忽然，前面拥出三四个地痞流氓。只见他们抱着肩膀，叉着双腿，趾高气扬地斜视地韩信，韩信一惊，随即便抱拳相握说道："各位仁兄，在此莫非是有事？"

其中一个痞子撇嘴怪笑道："哈哈，仁兄？倒还挺会说话，我们几个在此确实是有事找你，只是看你是否敢做！"韩信依然很平静地说："噢？不知几位找我是因何事？蒙各位抬举，竟看得起我这不才之人！"

那些人都哄然大笑起来，刚才说话那人说："哈哈哈，什么抬不抬的，我们不是要抬你，而是要揍你。"韩信自知一人之力绝不是他们几人的对手，不想多生枝节，便依旧心平气和地问："各位，不知小可是哪里得罪诸位，你我远日无仇，近日无冤，为何要揍小可？实上令在下如堕雾中，不知是非。"

那几人听后大声笑道："听说你的胆子很大，今天我们哥几个想见识一下，看你到底有多大的胆子。"此话一出口，韩信便知这几个人是在故意刁难于他，他心中很是气愤，却又忍住了怒火，面上赔笑道："我韩某人哪里有什么胆识，又岂能跟你们相提并论，胆量当然不如几位大哥了。"

那群无赖之人轻蔑地望着韩信，听他这样一说，便从腰间抽出剑来，往韩信面前一扔，将头向前一伸，便对韩信道："看你老实，今日之事我们不动手，你要真有胆识，就用剑砍下我的脑袋，那就算你小子有种。不然，你就乖乖地从我的胯下钻过去，哈哈哈……"

韩信目视着地上的那把亮闪闪的利剑，又看了看面前叉腿仰头而立的地痞头头，皱了皱眉，旁边围观的人早已议论纷纷，看到这样蛮横霸气之人，都非常气愤，不少人都喊着让韩信去拿起利剑宰了这个狂妄的小子。不过韩信并没有这样做，他只是暗暗咬咬牙，然后缓缓地弯身下去，从那狂妄之人的胯下爬了过去，众人无不惊愕，连那群流氓也为之发呆。韩信则立身掸尘而去，头也不回。

自那之后，那群流氓之辈再也没有找过韩信的麻烦。而在韩信功成名遂之时，又提拔当年的那个狂妄之人作了小小的官吏，那个人自然是感恩图报，尽心尽力做事。

▣ 鉴历史，得智慧

俗话说："小不忍则乱大谋。"韩信之举便应合了这以柔克刚之术。试想当时，假如韩信怒气四射，一气之下拿剑杀掉了那个小流氓，其后果必是一场恶战，他免不了吃官司，哪里还会有以后的飞黄腾达？

"匹夫见辱，拔剑而起"，如果遇事就拔刀子、使拳头，这不是真正的大智大勇，而是一种鲁莽，一种盲目。真正的勇敢是"卒然临之而不惊，无故加之而不怒"——在不知情的情况下面临一件对己不利之事，而并不惊慌失措，对别人无缘无故给自己加个罪名也不生气，这才是大丈夫之勇、英雄之勇。"此其所挟持者甚大，而其志甚远也"——只有怀着远大的志向和理想，有着长远的目标，才不会为眼前的一点小是小非或小恩小怨而鲁莽盲动。韩信在当时所面临的选择只有两个：要么杀了这个家伙，要么爬过去。如杀了这家伙，自己必定会有牢狱之灾，那以后的远大理想就不能实现。而韩信正是因为自己的远大的理想，而"孰视之"——盯着那个无赖看了很久，最终牺牲了眼前的荣辱。

韩信也好，孙膑也罢，都是"忍一时之气，争千秋之利"的典型代表。所以，在我们生活工作中，当碰到困境和难题时，要时时想想自己的目标，为了自己的目标，一切皆能忍，一切都可退。千万不能为了一时的"爽快"而挥洒你如怒火岩浆般的情绪，要学会有刃有度，理智行事，忍耐才能成就大事业。

人心不定，人情也更难以捉摸，今日是朋友，明日朋友就可能会为了小小利益关系，翻脸成仇，这是以"利害"相交结的缘故。世路崎岖，我们做事应该清理源头，不要被那些游移不定的人情所困惑。在遇到有所争执的时候，不妨退一步想一想，让别人先行得益，若是人人都有这种思想，那么这个社会便会没有冲突，也不会有灾难发生了。

事实上，退一步成功的希望会更大，不要一味地去想自己要得到的位置，与其浪费时间抱怨不公，不妨去给自己"充充电"，找找自身的原因。退一步，有时候，要身退，有时候，要心退。做事争强好胜是人之常情，但要选择恰当的时机。退，不是永远的退，只是给自己一个缓解的空间，应该在不违背自己为人处事原则的基础上退。退一步，也就意味着选择了主动，因为我们已经摆正了自己，我们的目光是在将来而不是眼前。

2 >> 勿拿鸡蛋碰石头，量力而行

◎赵括纸上谈兵

公元前262年，秦国派大将王龁率兵进攻韩国，占领了韩国的野王地区，并截断了上党郡和韩都的联系，上党形势非常危急。上党的一些将领不愿投降于秦国，于是打发使者前往赵国，表示愿意归附于赵国，请求赵国派兵援助，赵孝成王便派军队前往上党前线。

两年之后，秦国又派上将王龁围攻上党。这时赵国名将赵奢已死，而丞相蔺相如也因病卧床。无奈之下，赵孝成王只好派廉颇率领二十多万大军去救上党。但秦军军力强大，赵国根本没法与之匹敌，所以在几次交锋中赵军都是以失败而结束，上党很快被秦军攻占，此时赵国的军队驻守在长平一带。

王龁没就此罢休，想进一步进攻长平。廉颇自知不敌秦军，索性就率军固守阵地，叫兵士们修筑堡垒，深挖壕沟，与秦国形成对峙局面，准备做长期抵抗的打算。王龁多次向赵军挑战，廉颇只是坚守不出。王龁无计可施，只好派人回朝向秦王奏报军情。

秦国的丞相范雎献出一计，他说："廉颇用兵持重，要想打败赵国，必须先叫赵国把廉颇调回去。"秦王说道："何以办到？"范雎曰："可用反间之计。"

过了几天，秦王就派兵潜入邯郸，散布谣言："赵国唯有马服君（赵奢的号）最优，其子赵括则更胜一筹，若派为将，必是势不可挡。如是廉颇为将，屡战屡败，不久之时必降秦矣！"赵王听到左右纷纷议论，果然中计，立刻召见赵括。蔺相如对赵王说："赵括只懂得读父亲的兵书，没有实战经验，徒有虚名，不可轻用。"可是赵王不听，仍一意孤行。

赵括的母亲也向赵王进谏，请求赵王别派他儿子去，赵王把她召来问其理由，赵母言："当年他父亲临终的时候再三嘱咐于我，赵括虽懂用兵之道，却没有亲临战场，只是纸上谈兵而已。如用他为大将的话，只怕赵军会断送于他手，所以请求大王切勿用他。"可赵王对此却不屑一顾，赵母又说："既然大王执意要重用他，那日后赵括要是打了败仗，则与我们赵家没有任何关联。"赵王应了赵母的请求，便立刻拜赵括为大将，去接替廉颇。

公元前260年，赵括率军到了长平，请廉颇验过兵符。廉颇办了移交，返回邯郸。赵括接替廉颇帅印之后，便把廉颇规定的一套制度全部废除，还更换了许多将领，同时按兵法"兵贵速，不贵久"的说法，贸然率军向秦军出击。

秦国丞相范雎闻知此事，知道反间计成功，便密派白起为上将军，去指挥秦军。白起知道赵括必然死搬兵书，于是先在长平做好埋伏工作，又故意打了几阵败仗，将赵括引入埋伏圈。赵括不知是计，拼命追赶。白起立刻派出精兵二万五千人，冲散赵军，又另派五千骑兵，直冲赵军大营，把四十万赵军切成两段，使赵军首尾不能相顾，而且粮草已断，军心很快涣散，一时乱成一团。赵括这才慌了神，只好筑起营垒坚守，等待救兵。在此守了四十多天，兵士都无心作战。赵括带兵想冲出重围，秦军万箭齐发，赵括被箭所伤而亡。士兵见主将身亡，也失去了斗志，便纷纷投降，四十万大军，就这样被纸上谈兵的赵括全部覆没了。

■ 鉴历史，得智慧

"纸上谈兵"这则典故流传至今，通常用于比喻那些只会空谈教条却不能实际解决问题的人。从赵括失败的原因可以看出，赵括虽深通兵法不假，但并无真才实学，忽视了兵法中常说的"知己知彼，百战不殆"的真理。老子曾说过一句话，"知人者智也，自知者明也"。也就是说自知是一个人是否明智的首要条件。通常来说，如果一个人对自己不能真正地了解，不能正确地去面对事情，一味地去硬闯硬碰，那么做任何事必然会受到挫折，赵括就是典型之例。

其实生活在社会群体之中的人们，每一个人都是自己的一面镜子，只有在别人的谈论中我们才能看清真正的自己。倘若一个人不能量力而行，就难免会聪明反被聪明误。所以，一个人在不了解自己的情况下，凡事都要做到"三思而后行，三思而后言"，不要好高骛远，硬拿鸡蛋碰生硬的石头，那么受到的挫折一定会少很多。否则，最终会给自己带来更多的麻烦。

现实总是充满诱惑，一个人假如事事都自以为是，过于高估自己，把什么事情都不放在眼里，不切实际地追求一个自己无法企及的梦想，贪多不得且食而不化，那到头来注定是竹篮打水——一场空。所以，一个人在行动之前，反躬自问自己是否一切了如指掌，想把每一件事情都做得完美，需要的是"看菜吃饭，量体裁衣"的实事求是。如果凡事都好强争胜、不甘示弱，不仅你表演的是自不量力的莽夫，而且最终都是小题大做却壮志未酬的结果。

因此，生为世人，要清楚了解自身的优缺点，扬长避短。就如你没有好的嗓音和音乐素质，就最好不要去做歌星的梦；如果你没有窈窕的身材，就最好不要去做舞蹈家的梦；如果你连一句简单的句子都写不好，就最好不要去想着做作家的梦；如果你生来就弱不禁风，不具备出色的运动天赋，就最好不要去想做运动冠军的梦。人生的道路千万条，只有量力而行，才不至于总因目标得不到实现而痛苦不堪。

量力而行者，无论途经何路，都要谨言慎行。所以，我们想做什么事情，都要去正确地估量自己，不要去做自己力所不能及的事。

3 >> 明进退，淡名利

◎范蠡顺天道、知进退

春秋后期，吴越两国成为诸侯争霸的焦点，它们彼此都虎视眈眈、互相攻伐，互不相让。范蠡恰生于此时，春秋末期楚国宛县三户人，字少伯。曾为楚国名士，并与文种结为好友，两人因为感知到楚国朝政黑暗，在此定无出头之日，恰巧此时吴越两国正在崛起，在协商后，两人一同投入了越国。范蠡经好友文种引荐，在越国任职大夫，之后越王识其才能，其地位随之大增，成为辅佐越王勾践灭吴称霸的一个重要人物。公元前497年，勾践因不听范蠡劝谏，在时机不成熟时，毅然对吴发动进攻，结果被吴军大败，勾践随之被困在会稽。

不管身处何境，范蠡都是德才兼备且具有大智之人。战败之后，勾践接受了范蠡忍气吞声，先求生存、再图后事的主张，通过贿赂吴国太宰使吴王赦免越王，勾践夫妻入吴为人质，屈身吴国，充当奴仆。此时勾践欲将他更欣赏的范蠡留下治理越国，但范蠡放着在越国"人上人"的日子不过，跟随勾践入吴。赴吴后，范蠡处处小心谨慎替君分辱，并时时提醒勾践，为其胸怀大志，即使受尽屈辱，也要装出毫不愠怒，面无怨色，勾践以此渐渐取得夫差的信任，在不惜口尝吴王的粪便后，最终得吴王赦免，两年后越国君臣全身返国。回国后，范蠡和他的老师计然辅佐越王勾践练兵治国，积蓄力量，十年之后，越国国力逐渐富强，他们苦心等待时机，果断出击，终于在公元前473年将吴国灭掉。之后范蠡挥军北进，会盟诸侯，使越王成为"春秋五霸"的最后一位霸主。

范蠡因战绩累累，被拜居上将军。努力为人做事，但事主以诚且不贪恋富贵荣，后不顾越王勾践的劝阻，不惜高官俸禄，毅然带领家人，悄然而去。却又感念文种的知遇之恩，在行前留下一封信，言："飞鸟尽，良弓藏；狡兔死，走狗烹。越王为人长颈鸟喙，可与共患难，不可与共乐。子何不去？"看到此信，文种疑信交加，但并未离去，最终没能逃过勾践的利剑。文种的谋略并不输于范蠡，但却没有范蠡的慧心，最后不免舍去了自己的性命。

之后，范蠡改名为鸱夷子皮，带领家人在海边结庐而居。垦荒种植，兼营副业，没有几年，就积累数万家产。他仗义疏财，施予百姓，世称"陶朱公"。

◾ 鉴历史，得智慧

范蠡顺天道，明进退，不以千金量其价，不以成败论其功，视功名利禄为身外之物，不被金钱所迷惑，反而能够重德行善，屡次散尽家财施济贫困，帮助了别人的同时又保全了自己。正如人们常讲的那样：凡事都得把握度，适度值千金。

范蠡的一生，经历了几度的"千金散尽还复来"，进退有刃，他总是在大取大舍中展现出与众不同的智慧。他从越国逃至楚国，隐姓埋名，靠经营商业而富甲一方，楚王得知其人，想请他助楚兴国，但他对楚国使者说，自己一介庸夫，不足为楚王效力，但有一些钱财珠宝，可献于大王。

楚王虽不乐意，但人家万贯家财尽数奉献，不愿为官，但也不便取之性命。此后范蠡乘舟出海逃至齐国，一家人开荒种田、引海水煮盐，再一次家产无数。但同样被齐国国君闻知，任其为相。他却感言，身居家中得以千金，身居官场得以卿相，都是人世得意之事，但时间长了，会是个不祥的结局。于是千方百计弃官，再次散钱财于民间。后隐居于陶地，以睿智再次以经商成为巨富，最终老于此地。

进能兴国，退能富家。知进退，能进退。知进退之时，知进退之法。范蠡做得可谓绝妙，他的这种心态，令人向往钦敬。他晚年潜心烧制琉璃，其真金琉璃盆，在民间被奉之为聚宝盆；他为官时手执的牙笏，也被演化成受人喜爱的如意；他的岁末返利给"生意对象"的方式，早已成为民间的"利市"习俗。

现实生活的人们只注重于养生，却往往忽视了养心，注意生活的质量却不知生活的状态。我们不难看到有些人，名与利的贪欲已经把他们吞噬，他们为了得名又得利，在做事之前反复考虑，忧郁不定，事后又放心不下，总是心情浮躁，思前顾后，患得患失，也因此而身心疲惫，痛苦不甚。美国一位学者，在研究了多年的"欲望计划"中发现，现在的人类最大的危机就是内心的混乱、浮躁。的确，我们在日常生活中，"浮躁"时常会隐匿在我们心灵的深处，难免会产生很多欲望和烦恼，往往令人心乏疲惫，焦虑不安，患得患失，既要鱼也要熊掌，这山望着那山高，耐不得寂寞等等。其实，能够影响我们的不是事物本身，而是我们对待事物的态度。诸葛亮言："非淡泊无以明志，非宁静无以致远。"社会上的种种诱惑会让人迷失自我，失去方向，所以我们在处世为人之时，保持良好的心态，明白进退之道：当刚则刚；能进能退，能屈能伸；当舍则舍。进退自如，去留尊便，方为大丈夫所为。

　　人生在世，要学会善担当，又要善摆脱，不要争一时之得失，不要计一时之荣辱。伸则平心应物，屈则藏器待时，挥洒自如，得其所哉。处事替人想，凡事不宜过，难处退一步，是非当自知。进退之间，彰显智慧。知进退方能明得失，明智的后退能使自己放松心情，能使自己压抑的心情高飞，学会后退，也是一种豁达与清醒，是一种理性与睿智。

4 >> 小不忍则乱大谋

◎越王勾践卧薪尝胆

春秋后期，吴国和越国为了争夺土地、人口和财物，展开了激烈的生死搏斗。吴王夫差的父亲阖闾，在一次与越王勾践的争战过程中中箭身亡。夫差为报杀父之仇，刚守节孝期满，就亲率大军，兵临越国。越王不听辅佐范蠡劝言，率军迎战，由于兵力悬殊，越军惨败，最后只剩下五千兵力退回会稽。眼看越国就要灭亡，范蠡进言："战局已此，我们唯一的办法就是给予吴国丰厚财礼，谦恭哀求，以讨得吴王的哀怜与同情，越国或许尚可幸存。如果吴国接受的话，您只好暂且委屈一下，先去做吴王的奴仆，寻找时机，以求东山再起。"无奈之下，勾践听从范蠡之言，言卑情切地向吴王请求活命，并且将越国交于吴王，越王和王妃愿侍候吴王。夫差欣然答应了越王讲和的条件。

公元前492年，勾践怀着屈辱和悲苦的心情，带着王妃，同范蠡一起来到吴国作奴仆侍奉吴王。勾践入见吴王时，跪拜叩首，感恩戴德的表情，所有在此的人都能清晰看得出来，吴王夫差也于心不忍，便决定给他留些颜面，不再过重地折磨他侮辱他，便叫他去宫中养马。

越王夫妇与范蠡居住于马棚之中，人在异国为虏，即使曾经是国君名将也不免会被些得势小人欺辱，就连宫中最低等的奴役也不把他们放在眼里，时不时地习难他们，所以，三人在宫中小心行事，既不敢发怒，也不敢多说半言，只是用眼神彼此交流。吴王怕他们深居宫中有反叛之心，便派兵盯守他们的行动，只见他们身着破烂衣裙，吃的是粗糠野菜，勾践喂马，范蠡打草，王妃做饭洗衣，个个都听命是从，安分守己，一副心甘情愿终生养马的样子。吴王得知此情，认为他们的意志已消磨殆尽，再无成王之心，也无王者尊严可言，于是便对他们放松了警戒。

夫差每次出行办事，勾践都亲自给他备马并等候他到来，每到一站他都卑躬屈膝地为夫差站马桩。吴国的民众都认为此人太没骨气，于是朝着他吐唾沫，投石扔菜，弄的勾践全身都是唾液和菜叶，而勾践却毫不理会，只是在那里静静地站着，仿佛自己一动，便会惊了吴王驾的马车，自己吃罪不起的样子。连吴王也对他产生仁慈之心，于是命人以后不准再凌辱勾践。其中最让吴王感激的是：一次，吴王因生重病卧床不起，勾践便去叩见吴王，显出一副倍加关心的样子，跪拜询问病情。恰在此时，吴王去厕所，勾践便请求饮溲尝便，以此来判断一下病情如何。待尝试之后，高兴地对吴王说："大王的身体很快就康复了。"也就是从这件事以后，吴王彻底地对勾践放下了防备。

冬去夏来，越王整整为吴王服役了三年，受了三年之苦，也受了三年之辱。与此同时，范蠡用重金收买了伯嚭，并向吴王献上美女西施，吴王甚是欢喜，才得以赦免勾践，流放回国。越王回国之后，一面给吴国纳贡献宝，一面卧薪尝胆。他鼓励生产，养护军备，积蓄兵力，并亲自下地种田。越国的人口猛增，生产迅速发展，军事力量逐渐强大起来了，于公元前473年灭了吴国。吴王羞愧难言，自杀而亡，越王终于报了屈辱之仇。

■ 鉴历史，得智慧

观历史，看现实，那些忍辱负重、蒙受屈辱的事例，屡见不鲜，但能忍气吞声到勾践这种程度：去尝人粪便，想必从古至今，唯有他一人吧！一个常人所不能及的事，身为一国之君却不得不做，这又是为何呢？复国蒙雪耻也！这样的屈辱恐怕也只有政治家才会承受吧！

越王在吴国所受的耻辱是常人所不能忍受的，但是，"小不忍则乱大谋"的复国意向一直激励着他，使他痛心忍受着奇耻大辱，这就是大丈夫所为，此为"能屈"；回国之后，励精图治，卧薪尝胆，鼓励生产，养兵护卫，使国力大增，终于击败吴国，报仇复国，这就是大政治家的"能伸"。能屈能伸，成就国之大谋，此乃大丈夫所为也！

从古至今，评价人的标准，只要通过一个人的涵养和做事风格，就可知他是否可能成为可造之才，是否有大将之风，因此我们除了自己的才识与能力之外，能得当的操控自己的情绪之人，方可为人上人。遇事不能冷静，并且以某种极端手段处世的人，绝不是一个有素养之人，也绝对难成大事。

如果能做到适当的控制自己的情绪，忍让对方的话，便可将阻力化为助力，帮你解危化险、政通人和。若情绪处理不得当，产生一些非理性的言行举止，轻则误事受挫，重则乱纪违法。所以"忍得一时之气，免得百日之忧"，"忍"是生活中避免风险与忧愁的一种至关重要的手段。

"忍"，是一种等待，为谋大业而等待时机，忍之有道。"忍"不是性格上的软弱，也不是缺少志气，这可以说是忍气吞声之举，但更可以说是一种智人的谋略，是处世为人的上等之策。

人们常说宽容乃是做人之本，对于一些事情，我们需要有一颗宽容之心来对待其中的矛盾。"小不忍则乱大谋",每个人都不会愿意自己当受气包,想要发泄一下不悦也是情理之中的,虽然你的冲动可能会给你带来一时之快感,但与此同时,它也可能会断送了成功的因素,更有可能断送了自己的前程,如果忍一忍,事情也许会有意想不到的成果,在得利的同时也图了个"有气量"的美名,可谓名利双收。

是的,同一种境况,我们理智的忍受,就有可能被人们称道赞美,如我们克制不住自己的情绪即"不忍",就有可能受到人们的不齿。其实,无论我们深处何地,人与人之间都难免会发生一些小摩擦。就像我们在公交车上,别人无意间踩到你,走在街头有人骑自行车不小心撞到你,同事无心的一句话伤害到了你等等,在这些烦琐的小事面前,忍耐就好比是一种黏合剂,遇事我们只要稍稍忍一下,简简单单的一句"对不起"就会化解彼此的尴尬与矛盾,一个微笑也许就能让人感觉到宽容的美丽,人与人之间的温暖,也因此拉近了人与人之间的距离。

其实孔子的《论语》中就已经教给了我们许多做人处世的道理,这些道理也同样适用于今天的职场。"小不忍则乱大谋",有志向、有理想的人,心胸开阔,目光放远一些,不应事事计较个人的得与失,更不该在一些小事上纠缠不清,而应该有开阔的胸襟和远大的抱负。只有如此,才能成就大事,成为人上之人。

5 >> 以退为进，更胜一筹

◎退避三舍

春秋时期，晋献公听小人谗言，信之，便杀掉太子申生，又派人捉拿太子的兄弟重耳，重耳闻知，急忙逃离晋国，在他乡流浪了十几年。重耳在楚国流亡之际，楚成王认为重耳他日之后必有大气之势，就以国礼相迎，待其如上宾。

有一天，楚王宴请重耳，两人一起饮酒叙话，气氛十分融洽。在私谈之时，忽然楚王向重耳提出一个问题："你若有一天回到晋国成为国君，应怎样答谢于我？"重耳思索片刻，曰："奇珍异宝，美女侍婢，大王你有的是；象牙兽皮，珍禽羽毛，更是楚地的盛产。晋国哪有什么奇物可献于大王呢？"楚王答道："公子过谦了，虽是这样，但也总该有个表示吧？"重耳笑之："要是果真能如你所说，回国当政，我愿与贵国友好。如有一天，发生晋楚之争，我一定命军队退避三舍（一舍等于三十里），如果还不能得到您的原谅，再与大王交战。"

几年之后，晋献公逝世，苟息当相国，骊姬立他儿子奚齐为国君，里克杀了骊姬和奚齐，并派人迎接重耳回国即位，重耳就辞谢楚君回晋当上国君，就是历史有名的晋文公。晋国在他的治理下日益强大。

公元前632年，晋文公重耳率领晋军四处征战，想在中原成就霸业。

在第二年，楚国和晋国的军队在作战时相遇，满山遍野的楚军朝晋军营地冲杀过来，晋文公为了报答楚王，实现他许下的诺言，下令军队后退九十里，驻扎在城濮。楚军见晋军后退，楚国大将成得臣大吃一惊，慌忙停下战车，朝晋军营地瞭望，看到晋军正在往城濮方向撤退，便以为对方害怕了，命令加快行军速度，追击晋军。

晋军排着的整齐队列，有条不紊地撤退。一将士向晋文公问道："我军已撤一舍，不能再这样退下去了！"晋文公满不在乎地摆摆手，摇着头："我军退避三舍，不会影响士气，只会激励将士们的斗志。对于楚军来说，他们会产生骄傲的情绪，从战略上轻视我们。趁楚军毫无准备的时候，反击他们，我们一定能大败楚军。"

晋军后撤三舍，在城濮城外扎营，楚王道："楚王对我的好处和恩惠，我们永远都不敢忘记。为了信守当日的诺言，我率军退避三舍，可是楚军却步步进逼，不肯放过我们。现在，只好在战场上比个高低了。"

之后，晋军利用楚军骄傲的弱点，集中兵力，经过多次冲击大破楚军，取得了城濮之战的胜利。

🔲 鉴历史，得智慧

晋文公是个守信用、重诺言之人，"退避三舍"此举名义上是履行他在楚国向楚成王所许下的诺言，但在客观上是晋文公谋略胜敌的重要一着妙棋，他利用对方刚愎自用、急于求成的缺点，审时度势，使自己不但在政治上争得了主动，赢得了他人的同情，而且在军事上造就了优势，集中兵力，来激发晋军将士英勇奋战，以逸待劳。从而为晋军后发制人，夺取决战胜利奠定了坚实的基础，最终取得了胜利。

　　"以退为进"之退，是进的前奏，跃的蓄势，是一种退的谋略，一种积极的防御。"退"是策略，"进"才是目的。先退一步承认对方的对，之后抓住时机进攻反驳对方，是一种以退为进法。在我们看来很多事情像是往后退，实际上，就是以这种"退"的方式，来达到"进"的目的。

　　《三十六计》说："三十六计，走为上。"其实，"走为上"是三十六计之六大计中"败战计"中的最后一计，"走"即"退"，退不是首选之计，当然不是最佳方法，但在对自己不利的条件下，只有做到留得青山在，先保存实力，才能等有利的时机，再卷土重来，东山再起。"走为上"不是消极的退却，是积极防御，或者说名为退却，实为蓄势待发。智慧的退让，远胜于鲁莽的进取。

　　《孙子兵法》记载："故善动敌者，形之，敌必从之；予之，敌必取之。"商战也如同兵战，"退一步，是为了给进两步打基础"。市场上的有奖销售，打折销售，价格战，这种以退为进的销售手段都是商战中常用的一个制胜策略和技巧，是欲取先予的具体运用。

　　商业领域中，不管是为人处事，应有"先予后取，以退为进"的意识，不计当前利益，着重长远利益，所谓吃小亏，占大便宜，所有的退却都是为将来更好的发展做铺垫。

　　每个人的人生机遇都是变化多端、难以预测的，我们一旦遇到较大起伏的时候，就应该采用"先予后取，以退为进"的谋略。将欲取之必先予之，包含取与予、进与退等多方面的辩证关系，通常取和予的主动权掌握在经营者手中，取是进，是目的；予是退，是手段。取与予的最好对策就是，对内要时刻想到员工的利益；对外要想到消费者的真正利益；对待对手必须给他想得的眼前利益，给自己留下更长远的利益。

人们总是认为人生向前走，才是最基本的，但在某些方面来说，退步也是一种向前的方式，退步的人生才能向前走得更远。古人云"以退为进"，"万事无如退步好"，在富贵权势之间退一步，是何等的安然自在；在是非之前忍耐三分，是何等的悠然自得。这种谦恭之让才是真正的进步，真正的胜者，在这种以退为进的意识下向前才是至真至贵。

6 >> 言多必失，沉默是金

◎贺若弼父子言多有失

　　贺若弼，河南洛阳人，出生在将门之家，隋朝的四大开国名将之一，其父亲贺若敦是南北朝时期周时的一名大将，以威猛而闻名，任金州刺史，并且在参与平定湘州之战中立过汗马功劳，自以为能受朝廷封赏，但没有想到会被奸人所诬，不但没有受到赏赐反而被降职。贺若敦心中很是愤愤不平，忍受不了这种诬陷，当着使者的面就大发怒气。当时的北周晋王宇文护本就因他势力过强有除之后患之意，正好听到他对使者的不敬，便马上把贺若敦调回总都，逼迫其自杀而亡。他在临死前嘱咐儿子贺若弼说："吾必欲平江南，然此心不果。汝当成吾志，且吾以舌死，汝不可不思。"并用锥子把贺若弼的舌头刺破，以痛感告诫他临终慎言。

　　隋开皇元年，杨坚夺取北周政权称帝，国号隋，为隋文帝，贺若弼也成了隋的右领军大将军，并为吴州总管，镇守江北要地广陵，委以平陈之事，成为灭陈的前线。隋开皇八年十月，贺若弼任行军总管，率军出广陵，云集在长江北岸消灭陈国。在公元589年正月初一，长江下游隋军乘陈欢度元会之际，贺若弼领军渡江发起进攻，陈军士兵不及防备，溃败而逃。

　　灭陈后，贺若弼和韩擒虎回京，都在隋文帝面前争功，文帝无奈，只好将贺若弼拜为上柱国，赐物八千段，各种奇珍异宝无数，又赐陈叔宝妹为妾，韩擒虎也同样赐予同等待遇。之后，贺若弼骄傲自满，总是自以为功名在群臣之上，常以宰相自许。后来文帝封杨素为右仆射，贺若弼虽然仍为将军，但心中甚是不平，不满之情形于言色，这使文帝杨坚心有不快，认为他贪功邀宠，便把他贬入狱中，公卿认为贺若弼怨愤过重，奏请处以死刑，但隋文帝惜其功劳，于是免他一死，谁知他不但不能警觉和收敛，反而夸耀他和太子杨勇的关系密切，在太子杨勇被废后，他又为杨勇鸣不平。文帝就把他招来质问："我用高颎、杨素为宰相，你却在众臣面前言其无所事事，只会吃饭。是什么意思？其言外之意就是说我也是废物不成？"贺若弼只能伏地求宽恕，于是文帝将他除名为民，几年后，虽然复其爵位，但隋文帝忌其为人，不得重用。

仁寿四年，杨广篡位，为隋炀帝，有一次贺若弼陪同炀帝巡至榆林，杨广命人造一个可容纳数千人的帐篷，以招待突厥启民可汗。贺若弼与宇文弼等人议言炀帝太奢侈，被人所奏，于公元607年被隋炀帝诛杀。

◾ 鉴历史，得智慧

贺若弼父子之悲惨结局让我们对孔子之言"君子欲讷于言而敏于行"有了更深刻的体会。当说则说，不当说则不说，不能随心所欲，更不能发一些徒劳无益、于事无补的怨言。对一些不公和偏见最好的、最有效的处理方法就是淡然处之，心平气和，知"止"节欲，不怨不气。

古人云：一言可兴邦，一言可丧国。三寸之舌能使自己的人生或事业飞黄腾达，但也可能会为自己招来杀身之祸。说话是人的天赋本能，是一门艺术。言语是人生不可缺少的一种传达思想感情的工具，更是一种修饰一个人外表的必要因素，所以在开口说话时就必须很特别注意才行，古人的教导"病从口入，祸从口出"就是这个道理。人活在世上，身为一个现代人，每天都在不停地说话，言语为个人学问品格的衣冠，我们不难发现，生活中有许多人衣貌堂堂，看上去高贵华丽，但是一开口则满口粗俗俚言，使人听了非常不愉快，仅存的一点点敬慕之心，也立马全部消失。正所谓"言多必失"，商业谈判中，一个口误，可以给你带来巨大的损失；工作中，一个不经意的发言，可能会毁掉你长久的努力。"说出去的话，犹如泼出去的水"，其后果是很难挽回的。"刀只有一刃，舌却有百刃"，舌头捅的娄子，用手是填不平的，因此我们谈话的时候要谨慎小心，能沉默时则沉默，以免招来祸根。

"沉默是金"，沉默的内涵极为丰富，复杂，不仅是一种给予，一种尊重，一种谦让，更是一种修养、一种境界、一种美，为人处事会沉默的人才能赢得人们的尊重。西方人认为"沉默是金，雄辩是银"，中国则有"巧言令色，鲜矣仁"的警言。一个人的精力是有限的，如果用于说话的精力太多，那就没有更多精力去做事。即话说的少的人，事做得多；话多的人，做事必然少了。所以为人处世，少说话为妙。

语言在现代生活中显得越来越重要，许多人也认识到多言伤人，言多必失的道理，这也由此更突出了"沉默是金"的重要性。有人总结，当着比自己有经验的人说更多的话，那就是不打自招，暴露自己的弱点，更体现自己的愚蠢，丢了自己的脸面。但"沉默是金"并不是一味地保持沉默，做闷葫芦，而是说话要讲究适量，既不能沉默不语，也不能说个没完。凡事不能走极端，一个人要尽量保持自己适度的内涵，既不夸夸其谈，又不要不懂装懂或空口无凭，没有实质。所说的话一定要有理有据，这样你的言谈才更有感触，有说服力。

　　讲话的真正艺术不仅是恰当的时候说恰当的话，大部分时间还不要说话。讲话的最高水平就是不说话，此时无声胜有声。

　　沉默是一种水平，有时候选择沉默，不代表你放弃，沉默不代表失败，沉默不代表忍让，沉默不代表无知，它只是特殊的防御手段之一，是一种无言的进攻，是代表你的坚持和优雅气质。

7 >> 韬光养晦，厚积薄发

◎专诸刺王僚

专诸是吴国棠邑人，对母亲非常孝顺。楚国大将伍子胥逃离楚国来到吴国在棠邑结识了大勇士专诸，见此人生得高额凹眼，虎背熊腰，异于常人，知道他是有本领之人。

伍子胥到吴国后，劝说吴王僚攻打楚国，后因吴王僚的堂弟公子姬光说伍子胥此计只是为了报自己的私仇而不了了之。但伍子胥却发现公子姬光常秘密地供养一些有智谋的人，看得出他势必不能久居人下，早晚要杀王僚取而代之，于公于私都得帮公子姬光继承王位，于是便把专诸推荐给公子姬光。

公子姬光得到专诸以后，看到他确实非一般人所能比，像对待宾客一样地好好待他，还把他的老母亲接来一块住，敬其母。专诸感其恩，以死相许。但专诸念母亲年老无人照应，行刺之事一直犹豫不决。公子姬光跪在上说："你母即吾母也，自当尽心养育，您身后的事都由我负责了。"专诸没了后顾之忧，便一心一意与公子姬光谋划刺僚之事，在得知王僚爱吃"鱼炙"（烤鱼）时，就献计可藏利剑于鱼肚，伺机刺杀。为了能接近王僚，专诸特往太湖学烤鱼之术，三个月就练得一手炙鱼的好手艺。从此，公子姬光与专诸开始等待机会。

吴王僚九年，楚平王死了，吴王僚趁机派兵包围楚国的谮城，但楚国出兵，断了吴军的后路，使其被困不能立即回吴。专诸对公子姬光说："僚可以杀掉了，他的兵将都不在国内，又没有正直敢言的忠臣。"见时机已成熟，公子姬光入见王僚说："有庖人从太湖来，善炙鱼，味甚鲜美，请王临下舍尝之。"于是就大办酒席宴请吴王僚。王僚虽答应，但恐公子姬光有阴谋，故赴宴时戒备森严，从王室到姬光家内外布满甲士操长戟，带利刀，王僚也身穿铁甲，席间卫士随身不离。此时，公子姬光在地下室埋伏好身穿铠甲的武士，又命伍子胥带领士兵数百人，在外接应。

酒过三巡，公子姬光假装脚痛难忍需到侧室包脚，便趁机躲入地下秘屋。这时，专诸进来将藏有锋利鱼肠短剑的烤鱼进献给吴王僚，爱吃烤鱼的吴王僚眼盯着烤鱼，直咽口水。专诸到僚跟前，趁其不备掰开鱼，从中拿出匕首向吴王僚刺去，吴王僚当场毙命。吴王僚身边的侍卫人员也用长戟刺死了专诸。公子姬光知事成，趁吴王僚手下的众人混乱不堪时，令伏兵齐出，将王僚卫士尽数剿灭。于是公子姬光自立为国君，称吴王阖闾，为念专诸功劳，追封为上卿。

◘ 鉴历史，得智慧

从专诸刺王僚，最后公子姬光为王的故事中，可以看出他们在韬光养晦这一方面都做得非常好，专诸为了达到接近王僚的目的，特意去学烤鱼之术，整整学了三个月。重要的是他们能够在时机不成熟的时候，静下心来谨慎地等待，能够做到一方面积极准备必要条件，一方面静候时机。

古人有云："木秀于林，风必摧之。"说的就是人不能锋芒毕露，否则就很容易遭到别人的非议和敌视，就如走路一样，不能光抬头看前方、看远方，也要及时地学会低头，看看脚下的路，看看自己是否能走稳，是否有路障在脚下，做人也一样，适时低头，为的是不让自己锋芒毕露，为的是更好地学习别人的长处。不管是身在商场还是职场，一个人要善于保存自己，急流勇退，这不是消极地逃避，而是为了养精蓄锐，待机而动，为了自己更好的发展积累力量，为了最终的成功。

其实，要做到韬光养晦有三点：有意识地让对方处在重要的位置，让自己处在次要的位置，即不要锋芒毕露；要有耐心和等待，不能为了一点小事而坏了长久的利益，为人处事要低调，忍让乃至妥协；始终以自己的长远计划为目标，不能为了一点小利，而放弃自己的最终目的。

在生活中，许多人最终没有成功，其原因并不是因为他们能力不够、诚心不足或者没有对成功的热望，而是缺少了成功最重要的两个条件：一是坚持，厚积薄发；二是忍耐，蓄势待力。很多人在做事时缺乏足够的耐心，尤其是在形势不利于自己的时候，他们总是对自己目前的行为产生怀疑，永远都在犹豫不决之中。其实，适时"低头"，耐心等待并不是逆来顺受，不是妥协，不是茫然失措的消极颓废。它是一种理智的忍让，是在沉默中积蓄力量，等待迸发的过程。正如圣者所说："所取者远，则必有所待，所有者大，则必有所忍。"成大事者必都是有着大智慧、大视野、大心胸的人，他们把目前的不利状况，把所遇到的挫折都当作成功的一种经历。遇到痛苦时不要惴惴不安，叹时运不济；也不要郁郁寡欢。更不管他人的阳奉阴违、搬弄是非，不管他人的尔虞我诈、诽谤诬陷。做到该"低头"时就"低头"，适时的调整目标，改变思路，低头为人处事，卧薪尝胆，韬光养晦，积蓄能量，等待时机再成正果。

所谓，天无绝人之路，只要你能在耐心的等待中，积累自己的力量，抓住时机，就一定会干出一番辉煌的事业！

8 >> 做事要留有余地

◎楚庄王糊涂得人心

春秋时期的公元前605年，楚庄王经过几年的艰苦作战，终于平定了叛乱。之后，高兴的他在宫内大摆酒宴，招待群臣，以庆祝大战的胜利。

庄王兴致很高地对群臣说："此战期间，已将近六年没有击鼓欢乐了，今日平定奸臣作乱，大家好好的欢乐一天，朝中文武官员，均来就宴，共同畅饮。"于是，满朝文武、宠姬妃嫔与庄王欢歌达旦。酒宴开始后，席间轻歌曼舞加上美酒佳肴，所有人都觥筹交错，不知觉已饮至黄昏。夜已渐渐深了，可庄王仍然兴犹未尽，于是就令人点起蜡烛，继续欢乐，并要自己最宠爱的宠妾许姬前来为文臣武将敬酒助兴。

就是许姬敬酒期间，忽然一阵疾风吹过，宴席上的蜡烛都熄灭了。突然许姬感到有人拉自己的衣袖，许姬大惊，并奋力挣脱，在慌乱中扯下了那人帽子上的缨带。许姬回到楚庄王身边后，附在他的耳边说："刚才有人趁黑暗调戏我，但我已扯断了他帽上的缨带，请大王一定要严办此无礼之人。"

楚庄王听完许姬的话，急忙命令正准备掌灯的人先不要点燃蜡烛，不动声色的大声地说："寡人今日设宴，诸位务要尽欢而散，现在所有人都把帽缨拔掉，无高低大小之分，以更加尽兴饮酒。"等群臣都拔掉自己的帽缨，楚庄王才下令重新点上蜡烛，君臣尽兴而散。

席散回宫，许姬怪楚庄王不给他出气，说："大王让我为群臣敬酒，是对他们的恩典，可他们却对我不敬，大王你怎么不严办，还帮他们呢？这等侮辱，大王怎么可以接受？"楚庄王说："此次君臣宴饮，旨在狂欢尽兴，融洽君臣关系，酒后失态乃人之常情，若要究其责任，加以责罚，岂不大煞风景？再说赏赐大家喝酒，让他们喝酒而失礼，这是我的过错，怎么能为要显示女人的贞节而辱没人呢？"许姬听后才明白楚庄王的用意，很是佩服。这就是历史上有名的"绝缨宴"。

七年后，楚庄王带兵伐郑。庄王发现有一名战将主动率部下先行开路，这员战将奋不顾身，所到之处拼力死战，带着众将士奋勇杀敌，斗志高昂，大败敌军，直杀到郑国国都之前。庄王非常高兴，战后论功行赏，把立下大功的战将找来，得知这员战将叫唐狡，就问："我见你此次战斗奋勇异常，不知你为何如此冒死奋战？还有你想有什么赏赐都可以。"唐狡跪在庄王面前回答说："臣不要赏赐，今日此举全为报七年前不究之恩。七年前宴会上，因臣饮酒过度，对娘娘失礼，本该处死，但大王不仅没有追究，还为我保全面子，大王的恩德臣一直牢牢记于心中，今日得上战场，不惜生命，立功报恩。楚王和在场将士听后无不为之感动。

◪ 鉴历史，得智慧

做事给人留余地，指的是为人做事时，不能太计较，要学会适当的糊涂。对于至尊无上的君主来说，一个将领对自己爱妾的调戏，无疑是极大的羞辱，绝对属于大逆不道的犯上之举。作为高高在上的统治者，完全有能力将其处死，为自己出气，可楚庄王不追究武将酒后失态，并原谅属下的过错，还脱帽绝缨设法替他打马虎眼。俗话说得饶人处且饶人，才能得人舍命相报。倘若楚庄王不能容人之过，谅人之短，而以绝缨宴上明烛治罪又怎能得到唐狡的拼力死战呢？人们常说："凡事要留有余地，话不能说穿，势力不能倚尽，福气不能享尽。"说的就是在待人处世中，千万不可把事情做绝，要时时刻刻为自己留下可以回旋的余地。

对于"糊涂"两字，人们经常指不明事理的人和事，但这里的糊涂却是一种人生境界。俗话说："人非圣贤，孰能无过。"世界上没有十全十美的人，每个人都有自己的优点和缺点，与人相处就要互相谅解，难得糊涂就是要求人要有博大的胸怀，有容纳别人缺点的气度，原谅别人过错的雅量。抛弃怨恨，宽容别人，即做到不念旧恶，不责小过，不发隐私，留有余地，让人全身而退，这样为人处事时才能左右逢源，诸事遂愿。

所谓，世人皆想做个聪明人，当然，聪明不是错，更不是罪，关键是要用好自己的聪明。郑板桥曾说："聪明有大小之分，糊涂有真假之分，所谓小聪明大糊涂是真糊涂假智慧，而大聪明小糊涂乃假糊涂真智慧也。要知道，聪明是天赋的智慧，糊涂是聪明的表现，人贵在能集智与愚于一身，需聪明时便聪明，该糊涂处且糊涂。做到大事聪明，小事糊涂，这样的糊涂智慧可以成就大事业。

"水至清无鱼，人至察无徒"，一个人如果过于精明苛察，小过为究，甚至当众揭发别人的隐私，必然会招来对方的恶意报复。但要一个人真正做到不较真、能容人，也不是简单的事，这不仅需要有良好的修养，更需要有善解人意的思维方法，和能从对方的角度设身处地地考虑和处理问题的智慧。

待人接物不妨小事糊涂，大事聪明，给他人多一些体谅和理解，多一些宽容，如果对方犯了错误或对你造成伤害，不要抓住不放，严加训斥，更不要不顾他人的颜面，所谓"海纳百川，有容乃大"，如果你能宽容大度，保持沉默，就能使对方内惭、悔恨、改过自新。就如人们常说的，与人为善，就是与己为善，与人过不去，就是与己过不去。

无论是做人还是做事，都要学会留有余地。话不可说尽，事不能做绝，留有余地，才有足够的回旋的空间。人只有能容纳别人，别人也会容纳你，你给别人留有余地，也就是给自己留有余地。

9 >> 置之死地而后生

◎韩信背水一战

韩信，淮阴人，是汉王刘邦手下的大将。他自幼熟谙兵法，是中国历史上伟大军事家、战略家、统帅和军事理论家。为了帮刘邦打败项羽，夺取天下，于汉高帝三年即公元前204年，在攻取了关中，东渡黄河，打败并俘虏了背叛刘邦、听命于项羽的魏王豹后，和张耳率领几万大军，要通过一道极狭的山口，叫井径口往东攻打赵王歇。

赵王和成安君陈余听到消息后，随即带军二十万在井陉口迎敌。赵王手下有一谋士李左车献计说："韩信、张耳乘胜势离开本国远征，锋芒锐不可当。所谓千里运输粮饷，士兵一定会很难经常吃饱，难免挨饿。此外，井陉关道路非常狭隘，两辆兵车都不能并行，必须一个一个的过。他们在通过的时候，行军队伍前后会拉开几百里，按形势来看粮食一定在后面。不如一面堵住井陉口，在此挖深护营的壕沟，加高兵营的围墙，守牢营垒不跟他作战；一面带骑兵数万抄小路切断汉军的粮草，到时他们向前无仗可打，又后无退路可回，如果再没有吃的、用的，我军不用与其交战，韩信的远征部队就一定会大败。

但大将陈余不听，他自认为仗着兵力优势，坚持要与汉军正面作战。他说："兵书上曾说，兵力十倍于敌人就可以包围它，一倍于敌人就可以和它对阵。像韩信这样兵力薄弱又跋涉千里的疲惫不堪的军队，我们还避开不打？以后有更强大的，又怎么对付呢？如果让诸侯知道，一定会认为我们怯懦，也会随便来攻打我们了。"

韩信了解到陈余没采纳李左车计策的消息后，很是高兴，于是命令向井陉口进军。在离井陉三十里的地方命令部队安营，到了半夜，命令副将分发点心让将士们先吃些东西，并告诉他们打了胜仗再吃饱饭。将领们虽然口中应着是，但都不相信，因为赵军已经抢先占据有利地势建立了营垒。随后，韩信挑选精兵二千人从小路隐蔽前进，每人手拿一面汉旗，要他们在赵军离开营地追赶我军后迅速冲入赵军营地，换上汉军旗号；又派一万军队故意背靠河水排列阵势来引诱赵军。

第二天天一亮，韩信就率军前进到井陉口，对赵军发动进攻，双方展开激战。随后，韩信命令汉军假意打败，向水边阵地败退。赵军望见了，都大笑起来，于是赵军全部离开营地，前来追击抢夺汉军的帅旗和仪仗鼓号。韩信早先派出的二千骑兵，趁机冲入赵军军营，拔掉全部赵军军旗，竖起汉军红旗二千面。此时两军交战，背水结阵的士兵因为没有退路，个个拼死作战，以求生路。全军上下以一当十，勇猛无比，赵军无法取胜，正要回营，忽然发现营中已插遍了汉军旗帜，以为汉军已经俘虏了赵王及他们的将领们，于是个个惊慌失措，四散奔逃。汉军见赵军阵势大乱，乘胜追击，两路夹击，大破赵军，杀了陈余，活捉赵王歇，打了一个大胜仗。

在庆祝胜利的时候，将领们问韩信："兵法上说，行军布阵应该右面和背后靠山，前面和左边临水，可现在元帅您让我们背靠水排阵，还说打败赵军再饱饱地吃一顿，我们当时不相信，可没想到这样也取胜了，这是一种什么策略呢？"

韩信笑着说："这也是兵法上有的，只是你们没有注意到罢了。兵法上不是说'陷之死地而后生，置之亡地而后存'吗？我知道军兵里有不服我的，如果有退路的话，士兵都逃散了，怎么能让他们拼命呢！"将领们听了全都心悦诚服。

▣ 鉴历史，得智慧

韩信这样部署战斗并以少胜多取得胜利的故事，被后人称为"背水一战"，运用了兵法上说的"陷之死地而后生，置之亡地而后存"。在古代，还有一个这样的故事，即项羽破釜沉舟。据《史记·项羽本纪》记载：秦朝末年，各地人民纷纷举行起义，反抗秦朝的暴虐统治。当时的项羽受楚派遣前去解救赵国的巨鹿，士兵因听说秦军势力强大，其底气都不足。于是项羽亲自率领军兵过漳河，前去解救巨鹿。在全部渡过漳河以后，让士兵们带足三天干粮，就下令把所有渡河的船凿穿沉入河里，把做饭用的锅砸个粉碎，毁了退路，以此激励士兵要有取胜的决心。最后士兵以一死的心态以一当十，以十当百，拼死地向秦军冲杀过去，将秦军打得大败。

把饭锅打破，把渡船凿沉，不为自己留后路，如果失败了就只有死路一条，而每个人为了活下去不得不以一当十，竭尽全力，放手一搏。让也让我们看到在最坏的形势里也潜藏着最大的胜机，就看你敢不敢断己后路。

一个有所作为的人，无论做什么事，都有把其做好的决心。一旦认定一件事，即使遇到困难，也不因此而畏首畏尾，而是拿出破釜沉舟、背水一战，自断退路的决心和信心放手一搏，调动一切可调动的力量，让自己发挥自身最大的潜能，全力以赴，奋勇向前。如果总想着自己有后路，就必定会患得患失、畏缩不前。

凡事都怕下决心，孤注一掷也能闯出一片天地。当你有做事的坚定决心和粉身碎骨的打拼心态时，遇事不畏怯、不气馁，勇往直前、锲而不舍，想不成功都是不可能的。